Omas KÜCHEN-KLASSIKER

DIE DR. OETKER GELING-GARANTIE

UNSER VERSPRECHEN

Liebe Leserin, lieber Leser,

mit den Rezepten in unseren Koch- und Backbüchern möchten wir Sie und Ihre Lieben glücklich machen. Zum Glück braucht es den Erfolg, und den kaufen Sie mit jedem Dr. Oetker Buch gleich mit.

Dafür gibt es die Dr. Oetker Geling-Garantie. Sie ist unser Versprechen, dass alle Rezepte aus diesem Buch ganz einfach und sicher gelingen. Die Geling-Garantie startet schon bei der Zutatenliste: Alle Zutaten, die wir verwenden, sollten Sie leicht in Ihrem Supermarkt vor Ort einkaufen können. Jeder Zubereitungs-Schritt ist klar und einfach nachvollziehbar.

Eine Garantie können wir Ihnen aber auch deshalb mit gutem Gewissen geben, weil alle Rezepte dieses Buches von unserem erfahrenen Team entwickelt wurden. Anschließend haben wir jedes Gericht in einer ganz normalen Küche nachgekocht oder nachgebacken. Immer wieder. So lange, bis wir uns sicher waren, dass es gelingt. Und zwar auch bei Ihnen zu Hause.

Was wir versprechen, halten wir auch. Sollte beim Kochen oder Backen eines unserer Rezepte dennoch etwas danebengehen oder es Ihnen einfach nicht schmecken, dann lassen Sie es uns wissen. Schreiben Sie oder rufen Sie uns an! Wir werden das Rezept nochmals kritisch prüfen und Ihnen helfen herauszufinden, woran es gelegen haben könnte.
Schreiben Sie eine E-Mail an kontakt@oetker-verlag.de.

Natürlich freuen wir uns aber auch über weitere Rückmeldungen und auch über Lob. Ihre Ideen, Kommentare und Fragen können Sie jederzeit auch über Facebook posten:
www.facebook.com/Dr.OetkerVerlag.
Wir sind für Sie da. Garantiert.

Mit herzlichen Grüßen
Ihre Dr. Oetker Redaktion

Inhalt

Gerichte, die Kindheitserinnerungen wecken

Erinnern Sie sich noch an den Geschmack von selbst gemachten Rouladen, Linsensuppe oder Bratäpfeln aus Ihrer Kindheit? Mit viel Liebe und frischen Zutaten bereiteten unsere Mütter und Großmütter diese Gerichte zu. Bewahren Sie Ihre Familientradition oder entdecken Sie sie neu. Die Rezepte sind Schritt für Schritt so beschrieben, dass Sie sie einfach nachkochen können, vor allem, wenn Omas Rat gerade nicht verfügbar ist. Tipps und Abwandlungen erleichtern Ihnen die Zubereitung und sorgen für Abwechslung.

Allgemeine Hinweise

Lesen Sie vor der Zubereitung – besser noch vor dem Einkauf – das Rezept einmal vollständig durch. So werden Arbeitsabläufe und -zusammenhänge verständlicher. Anschließend können Sie den Einkaufszettel schreiben. Viele Zutaten sind wahrscheinlich ohnehin in Ihrer Küche vorhanden. Bevor es losgeht, legen Sie sich alles, was Sie brauchen, bereit. So müssen Sie nicht während des Kochens nach einzelnen Zutaten oder Werkzeugen suchen. Noch einfacher wird es, wenn Sie alle Zutaten schon fertig abwiegen.

Arbeitszeiten

Bei den angegebenen Zeiten handelt es sich um Anhaltswerte. Es kann, je nach Erfahrung, manchmal etwas schneller gehen oder auch mal ein wenig länger dauern. Eine genauere Angabe der Kühl- und Abkühlzeiten ist nicht möglich, da sie u.a. von äußeren Umständen abhängen, die wir nicht kennen (z.B. Umgebungsperatur).

Hinweise zu den Nährwerten

Bei den Nährwertangaben in den Rezepten handelt es sich um auf- bzw. abgerundete ganze Werte. Aufgrund von ständigen Rohstoffschwankungen und/oder Rezepturveränderungen bei Lebensmitteln kann es zu Abweichungen kommen. Die Nährwertangaben dienen daher lediglich Ihrer Orientierung und eignen sich nur bedingt für die Berechnung eines Diätplans.

Backofeneinstellung, Back- & Garzeiten

Die in den Rezepten angegebenen Backofentemperaturen, Back- und Garzeiten sind Richtwerte, die je nach individueller Hitzeleistung des Backofens über- oder unterschritten werden können. Die Temperaturangaben in diesem Buch beziehen sich auf Elektrobacköfen. Die Möglichkeiten der Temperatureinstellung für Gasbacköfen variieren je nach Hersteller, sodass wir keine allgemeingültigen Angaben machen können. Bitte beachten Sie deshalb bei der Einstellung des Backofens die Gebrauchsanleitung des Herstellers.

Abkürzungen / Mengenangaben

EL EL
TL TL
Msp. Messerspitze
Pck. Packung/Päckchen
g Gramm
kg Kilogramm
ml Milliliter
l Liter
evtl. eventuell
geh. gehäuft
gem. gemahlen
ger. gerieben
gestr. gestrichen
TK Tiefkühlprodukt
°C Grad Celsius
Ø Durchmesser
cm Zentimeter

Kalorien-/Nährwertangaben

E Eiweiß
F Fett
Kh Kohlenhydrate
kcal Kilokalorien

Vorratshaltung im 21. Jahrhundert

Zwar können wir uns inzwischen das ganze Jahr über aus einem großen Angebot an Obst und Gemüse bedienen, jedoch gehört ein kleiner Grundvorrat zur intelligenten Haushaltsführung. Das war für unsere Großmütter selbstverständlich. Ein kleiner Vorrat ist auch ideal, wenn man kurzfristig wegen Krankheit an die Wohnung gebunden ist oder überraschend Besuch vor der Tür steht.

Regionales: Das Glück liegt oft so nah

Saisonale und regionale Produkte schmecken einfach am besten, sind reichlich und damit günstig vorhanden. Viele heimische Obst- und Gemüsesorten (wie Äpfel, Birnen, Nüsse, Kartoffeln, Kohl, Möhren, Rote Bete, Steckrüben, Zwiebeln) lassen sich gut lagern und sind deshalb auch in den Wintermonaten aus regionalem Anbau, z. B. auf Wochenmärkten, verfügbar. Die Nähe zum Produzenten führt zu kürzeren Transportwegen und erhöht das Vertrauen in die Qualität der erworbenen Waren.
Leicht verderbliches Obst und Gemüse möglichst öfter in kleinen Mengen einkaufen, frisch verzehren und daher nur kurz lagern – am besten im Gemüsefach des Kühlschranks. Ausnahme: Kälteempfindliches wie Auberginen, Bananen, Kartoffeln, Tomaten und Zitrusfrüchte an einem kühlen Ort lagern. Viele Früchte wie Äpfel, Birnen, Aprikosen und Bananen reifen nach; diese besser von anderen Lebensmitteln trennen.

Pluspunkte Tiefkühlkost

TK-Produkte sind unabhängig von der Saison verfügbar, schon weitgehend vorbereitet, lange haltbar und schnell zubereitet. Die ideale Lagertemperatur beträgt für TK-Produkte stets -18 °C. Wichtig: Die Gefriergeräte regelmäßig (1–2-mal im Jahr) oder bei einer 3–5 Millimeter dicken Eisschicht abtauen, sonst verbrauchen sie zu viel Energie und halten die Temperatur nicht mehr konstant.
Am besten die Tiefkühlprodukte erst am Ende des Einkaufs in den Einkaufswagen legen – bei langem Heimweg oder sommerlichen Temperaturen Kühltaschen oder -boxen verwenden oder die Waren in Zeitungspapier einwickeln. Zu Hause Tiefgekühltes sofort ins Gefriergerät legen. Wichtig: Neue TK-Produkte nicht direkt neben bereits eingelagerter Ware legen; sonst entzieht die neue der älteren die Kälte.

Lagern mit System

Wenn man die folgenden einfachen Tipps von Oma beherzigt, macht man nichts falsch:

- Frischwaren wie Milch, Käse, Wurst, Fleisch oder Fisch werden bis zum Verbrauch im Kühlschrank aufbewahrt. Lebensmittel immer verpackt in den Kühlschrank legen. Ausnahme: Eingeschweißtes Gemüse wie Möhren, Pilze, Tomaten aus der Packung nehmen (Schimmelgefahr). Unverpackte tierische und pflanzliche Lebensmittel getrennt im Kühlschrank lagern, damit keine Keime übertragen werden.
- Nicht zu lange warten: Eiweißreiche Lebensmittel können eher verderben – Schalen- und Krustentiere schneller als Fisch, Fisch schneller als Fleisch.
- Fette und Öle sind generell empfindlich gegen Wärme, Licht, Sauerstoff und Fremdgeruch. Angebrochenes Öl deshalb stets gut verschließen und bald verbrauchen – sonst wird es ranzig. Wasserhaltige Fette wie Butter, Margarine sowie kalt gepresste Öle mit hohem Gehalt an mehrfach ungesättigten Fettsäuren (z. B. Raps- und Sonnenblumenöl) am besten im Kühlschrank aufbewahren.
- Mehl, Zucker, Kaffee, Suppe, Kartoffelbrei, Backmischungen und andere Tüten und Instantbeutel besser bei Zimmertemperatur dunkel und trocken lagern. Angebrochene Tüten fest verschließen, in Plastik-

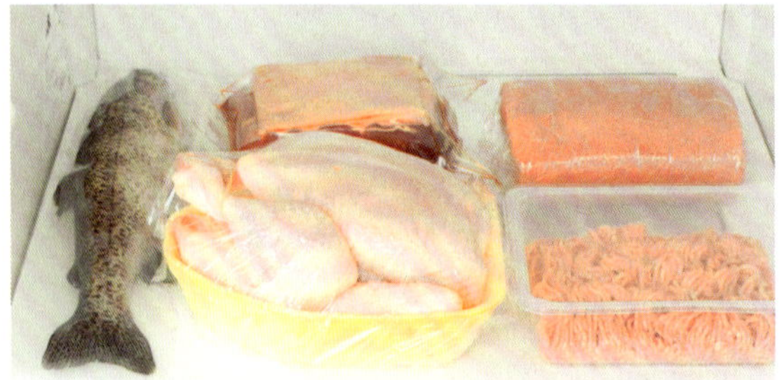

dosen weiter aufheben und bald verbrauchen – vor allem Kaffee und Tee sind sehr geruchsempfindlich.
- Obstgläser möglichst dunkel aufbewahren, da Licht viele Vitamine zerstört.
- Neue Ware immer hinter den bereits eingelagerten Produkten einordnen.

Reste gut verwerten:
- Mahlzeiten nicht über längere Zeit warm halten (maximal 30 Minuten), sondern rasch abkühlen, im Kühlschrank aufbewahren und später wieder kurz erhitzen. Zum Aufwärmen kleinerer Mengen sind vor allem Mikrowellengeräte geeignet.
- Gekochte Kartoffeln werden zu Bratkartoffeln oder Bauernomelette.
- Braten schmeckt in Streifen geschnitten prima in frischen Salaten.
- Nicht mehr ganz frische Brotscheiben kann man mit Sauce, Gemüsestreifen und etwas geriebenem Käse belegen. Im Backofen kurz überbacken. Oder das Brot mal statt mit Wurst mit ein paar Scheiben Tomaten, Gurke oder Rettich belegen.
- Rohe Gemüsereste sind ideal für den Pausenimbiss.
- Zu viel Reis oder Nudeln lassen sich sehr gut als Suppeneinlage verwenden.
- Obstreste kann man in Müsli, Quarkspeisen und Desserts „verstecken“ oder als Snack genießen. Eine Bananenmilch schmeckt oft sogar noch besser, wenn die Schale etwas unansehnlich braun geworden ist.
- Übrig gebliebene Kräuter verfeinern jedes Gericht. Alternativ: Kräuter fein schneiden und portionsweise in Eiswürfelbehältern einfrieren.
- Reste von Milch und Milcherzeugnissen werden in Aufläufen, Suppen, Saucen oder Desserts verarbeitet. Milch z.B. mit Obst zu einem Mixgetränk pürieren.
- Kuchen- und Plätzchenreste lassen sich mit selbst gemachtem Pudding und etwas Obst zum Trifle schichten.
- Altes Brot, Brötchen und Laugengebäck nicht wegwerfen: Daraus Semmelknödel, Arme Ritter, Brotsuppe oder Bruschetta zaubern. Oder klein würfeln, anrösten und als Brotcroûtons über Suppen und Salate streuen.
- Aus Reisresten lassen sich mit Mehl und Gewürzen knusprige Bratlinge herstellen.
- Sollten Pfannkuchen vom Vortag übriggeblieben sein, können diese in Streifen geschnitten und als Suppeneinlage serviert werden (s. S. 38).
- Nicht mehr knackige Äpfel sind hervorragend geeignet, um daraus Apfelmus (s. S. 164) zuzubereiten.

HEUTE SCHON AN MORGEN DENKEN

Planung ist alles – auch in der Küche. So wird es noch leichter:

• **Kartoffeln** gleich für zwei Tage kochen: Am ersten Tag als Salz- oder Pellkartoffeln genießen und am nächsten Tag werden aus den Resten Bratkartoffeln oder ein leckerer Kartoffelsalat. Ebenso können Nudeln und Reis gleich in größeren Portionen vorgekocht und zugedeckt im Kühlschrank aufbewahrt werden.

• **Gemüse** wie grüne Bohnen, Blumenkohl, Möhren oder Pastinaken sind an einem Tag eine köstliche Gemüsebeilage, am nächsten Tag schmecken Sie als leckerer Gemüsesalat oder im Eintopf. Wenn ein Teil aufbewahrt und weiterverwendet werden soll: Die gewünschte Menge des gekochten Gemüses etwa 5 Minuten zuvor herausnehmen, abkühlen und kalt stellen. Am nächsten Tag hinzufügen und erwärmen.

• **TK-Produkte** wie Fisch oder Fleisch, die aufgetaut verwendet werden, bereits am Vortag/Vorabend in den Kühlschrank legen – so tauen sie schonend auf. Nicht vergessen: Aus der Packung nehmen und zugedeckt auf einem Teller in den Kühlschrank stellen.

Wieder einfrieren – aber nicht alles!

Gegarte Speisereste von zuvor eingefrorenen Zutaten kann man erneut einfrieren. Schnell abkühlen und zurück ins Gefriergerät; allerdings bald verbrauchen. Leicht verderbliche Lebensmittel wie Backwaren mit Füllung, Fleisch, Fisch, Hackfleisch, Salate auf Mayonnaisen-Basis, Speiseeis usw. sollten nach dem Auftauen nicht wieder eingefroren werden.

Omas Tricks für Reste

1. Der Pürier-Trick:

Rohe Gemüsereste putzen und grob würfeln. Mit Zwiebeln, Knoblauch, Kräutern in wenig Öl andünsten, mit Brühe und Sahne, alternativ Kokosmilch, Pflanzendrink oder passierten Tomaten aufgießen. Nach Belieben würzen und bei niedriger Temperatur gar köcheln lassen. Gemüse dann in der Garflüssigkeit sämig pürieren und zum Servieren würzig abschmecken.

2. Der Gratinier-Trick:

Gemüse würfeln bzw. fein schneiden und z. B. mit vorgegarten Nudeln, Hülsenfrüchten oder Kartoffeln (oder auch Resten vom Vortag) und einer Eiersahne in eine Auflaufform schichten. Funktioniert übrigens auch prima mit altbackenen Brotscheiben! Alternativ den Gemüse-Eiersahne-Mix als Füllung auf einen herzhaften Quiche-/Tarteteig in eine Backform geben. Übrig geriebenen Lieblingskäse (geriebenen Gouda, Emmentaler, Bergkäse, Mozzarella) daraufstreuen und alles goldbraun backen.

3. Der Verpack-Trick

Rohe Gemüsereste putzen und grob würfeln. Mit Zwiebeln, Knoblauch, Kräutern in wenig Öl kurz andünsten. Mit etwas Béchamelsauce (selbst zubereitet oder aus dem Tetrapack), Schmand, Crème fraîche oder Frischkäse verrühren und würzig abschmecken. Ganz einfach als herzhafte Füllung z. B. auf vorbereitete Pfannkuchen geben, aufrollen und servieren. Alternativ in Strudelteig, blanchierte Kohl-, Kohlrabi- oder Mangoldblätter einrollen bzw. zu Päckchen falten, sanft schmoren und/oder im Backofen zusätzlich mit Käse überbacken.

Salate

Beim Grillen oder Picknick geht doch nichts über Omas Krautsalat. Blitzschnell zubereitet, herrlich frisch und das perfekte Mitbringsel für ein Buffet. So lassen sich warme Sommertage gut aushalten. Aber auch in der kalten Jahreszeit haben unsere Großmütter das Richtige parat: Cremiger Kartoffel- oder Eiersalat – die machen sogar im Weihnachtsmenü eine gute Figur.

Apfel-Möhren-Salat

VEGAN

ZUBEREITUNGSZEIT:
20 Minuten
DURCHZIEHZEIT:
etwa 20 Minuten

ZUTATEN FÜR 4 PORTIONEN

FÜR DIE SALATSAUCE:

1–2 EL frisch gepresster Zitronensaft
Salz
Zucker
1–2 EL Sonnenblumenöl

FÜR DEN SALAT:

500 g Möhren
2–3 Äpfel (etwa 250 g)

PRO PORTION:

E: 1 g, F: 4 g, Kh: 11 g, kcal: 89

1. Für die Salatsauce Zitronensaft mit 1 Prise Salz und 1 Prise Zucker verrühren. Das Sonnenblumenöl mit einem Schneebesen unterschlagen.

2. Möhren putzen, schälen, abspülen und abtropfen lassen. Die Äpfel evtl. abspülen, abtrocknen, schälen, vierteln und entkernen.

3. Die Möhren und die Apfelviertel auf der Haushaltsreibe grob raspeln und in eine Schüssel geben.

4. Die Salatsauce zu den Möhren- und Apfelraspeln geben und untermengen. Den Salat evtl. nochmals mit etwas Zucker und Zitronensaft abschmecken. Den Möhren-Apfel-Salat etwa 20 Minuten durchziehen lassen.

REZEPTVARIANTE:

Für einen **grünen Salat mit Kräutervinaigrette** (im Foto oben) 400 g grünen Salat (z. B. Kopfsalat, Eisbergsalat, Lollo bionda) putzen und die äußeren welken Blätter entfernen. Den Strunk keilförmig mit einem Messer aus dem Salat schneiden. Den Salat gründlich waschen. Die Salatblätter in einem Sieb gut abtropfen lassen oder in einer Salatschleuder trocken schleudern. Große Blätter kleiner zupfen. Für die Vinaigrette 2 EL Obstessig oder Zitronensaft mit 1 Prise Salz, 4 EL Mineralwasser und 2 TL mittelscharfem Senf verrühren. 4–5 EL Speiseöl unterschlagen. ½ Bund Schnittlauch und ½ Kästchen Kresse abspülen und trocken tupfen. Schnittlauch in Röllchen schneiden. Die Kresse vom Beet schneiden. 1 kleine Zwiebel abziehen, fein würfeln und mit der Kresse und den Schnittlauchröllchen unter die Vinaigrette rühren, mit Salz, Pfeffer und Zucker würzen. Den Salat mit der Vinaigrette vermengen und sofort servieren.

Eiersalat

VEGETARISCH

ZUBEREITUNGSZEIT:
15 Minuten
KOCHZEIT EIER:
etwa 10 Minuten
DURCHZIEHZEIT:
am besten über Nacht

ZUTATEN FÜR 4–6 PORTIONEN
8 Eier (Größe M)
1 Stange Staudensellerie
2–3 Frühlingszwiebeln

FÜR DIE SALATSAUCE:
4 EL Salatmayonnaise
2 EL Crème fraîche
2 TL scharfer Senf
1 TL Currypulver
Salz
gem. Pfeffer
1 Prise Zucker
Zitronensaft
Worcestersauce

PRO PORTION:
E: 14 g, F: 25 g, Kh: 3 g, kcal: 296

1. Eier in etwa 10 Minuten hart kochen, in kaltem Wasser abschrecken und pellen.

2. Staudensellerie und Frühlingszwiebeln putzen, abspülen und gut abtropfen lassen. Sellerie in feine Würfel und Frühlingszwiebeln in feine Scheiben schneiden.

3. Für die Sauce Mayonnaise, Crème fraîche, Senf und Currypulver gut verrühren. Sauce mit Salz, Pfeffer, Zucker, etwas Zitronensaft und einem Spritzer Worcestersauce abschmecken.

4. Hart gekochte Eier mit einem Eierschneider oder einfach mit dem Messer in Würfel schneiden und zusammen mit dem Staudensellerie und den Frühlingszwiebeln in die Sauce geben. Alles vorsichtig vermischen und im Kühlschrank am besten über Nacht ziehen lassen.

Omas Küchentipps

Der klassische Eiersalat schmeckt besonders lecker auf frisch gebackenem Vollkornbrot. Eierbrot mit Schnittlauchröllchen und knackigen Radieschenscheiben garnieren.
Exotisch pikant schmeckt der Salat, wenn man die Hälfte der Mayo durch Mango-Chutney ersetzt und mit etwas Tabasco nachschärft.
Sie können den Eiersalat auch mit Shrimps oder Räucherlachsstreifen und gehacktem Dill mischen.
Anstelle von Staudensellerie können Sie auch Fleischwurst und klein geschnittene Dillgurken in den Salat geben.

Geflügel-Spargel-Salat

ZUBEREITUNGSZEIT:
15 Minuten
GARZEIT:
etwa 15 Minuten

ZUTATEN FÜR 4 PORTIONEN
230 g weißer Spargel
400 g gekochtes, enthäutetes Hühnerfleisch

FÜR DIE SALATSAUCE:
6 EL Salatmayonnaise
2 EL Joghurt (3,5 % Fett)
Salz
gem. Pfeffer
Zucker
Zitronensaft
2 Pfirsichhälften (aus der Dose)
etwas Kerbel

PRO PORTION:
E: 50 g, F: 42 g, Kh: 18 g, kcal: 638

1. Spargel abspülen und abtropfen lassen. Den Spargel von oben nach unten schälen. Darauf achten, dass die Schalen vollständig entfernt, die Köpfe aber nicht verletzt werden. Die unteren holzigen Enden abschneiden. Den Spargel in 2–3 cm lange Stücke schneiden. In kochendem, mit Zucker und Salz gewürztem Wasser 10–15 Minuten bissfest kochen.

2. Den gegarten Spargel mit einem Schaumlöffel vorsichtig aus dem Kochsud nehmen, abtropfen lassen und einige Spargelspitzen zum Garnieren beiseitelegen. Hühnerfleisch in in feine Streifen schneiden.

3. Für die Sauce Mayonnaise mit Joghurt verrühren. Mit Salz, Pfeffer, Zucker und Zitronensaft würzen. Pfirsichhälften in kleine Stücke schneiden und unter die Sauce heben.

4. Hühnerstreifen mit den Spargelstücken und der Sauce vorsichtig vermengen.

5. Kerbel abspülen und trocken tupfen. Die Blättchen von den Stängeln zupfen. Den Salat in Gläsern anrichten, mit den beiseitegelegten Spargelspitzen und Kerbelblättchen garnieren. Sofort servieren.

Omas Küchentipps

Der Salat eignet sich hervorragend, um Reste vom Vortag weiterzuverwenden, z. B. Hühnerfleisch von einer selbst gemachten Hühnerbrühe (s. S. 48) oder wenn Sie noch gegarten Spargel vom Vortag vorrätig haben. Oder ersetzen Sie den frischen Spargel durch 175 g abgetropfte Spargelstücke (aus dem Glas).
Statt des gekochten Hühnerfleisches, können Sie auch ein halbes gebratenes Hähnchen (s. S. 106) ohne Haut verwenden.

Heringssalat

ZUBEREITUNGSZEIT:
40 Minuten, ohne Wässern und Durchziehzeit

ZUTATEN FÜR 6 PORTIONEN

FÜR DEN SALAT:

4 Salzheringe
200 g gegarte Pellkartoffeln
2 säuerliche Äpfel, z. B. Boskop
500 g abgetropfte Rote Bete (aus dem Glas)
250 g abgetropfte Gewürz- oder Salzgurken
200 g Schweinebraten -Aufschnitt

FÜR DIE SALATSAUCE:

150 g Crème fraîche
1–2 EL Johannisbeergelee
Salz
gem. Pfeffer
Weißweinessig
Eierscheiben oder -viertel
einige vorbereitete Petersilienblättchen

PRO PORTION:
E: 37 g, F: 35 g, Kh: 20 g, kcal: 583

1. Für den Salat Salzheringe etwa 12 Stunden in einer großen, flachen Schale wässern. Die Heringe abtrocknen und vorbereiten. Dafür Kopf, Schwanz und Flossen entfernen, die Heringe entgräten und enthäuten.

2. Kartoffeln pellen. Äpfel schälen, vierteln und entkernen.

3. Kartoffeln, Rote Bete, Äpfel, Gewürz- oder Salzgurken und den Schweinebraten-Aufschnitt in kleine Würfel schneiden und in eine Schüssel geben.

4. Für die Salatsauce Crème fraîche und Johannisbeergelee verrühren und mit den Salatzutaten vermengen. Den Salat mit Salz, Pfeffer und Essig abschmecken, gut durchziehen lassen (am besten über Nacht), evtl. nochmals mit den Gewürzen abschmecken. Mit Eierscheiben oder -vierteln und Petersilienblättchen garnieren.

REZEPTVARIANTE:
Für einen **Heringsstipp** 8 abgetropfte Bismarck-Heringsfilets (etwa 600 g, aus dem Glas) in kleine Stücke schneiden. 2 rote Zwiebeln abziehen und in Scheiben schneiden. 1–2 säuerliche Äpfel, z. B. Cox Orange, schälen, vierteln und das Kerngehäuse entfernen. Äpfel und 3–4 abgetropfte Gewürzgurken (aus dem Glas) in kleine Stücke schneiden. 300 g saure Sahne mit 200 g Schlagsahne und 4 EL Gurkensud verrühren, mit Salz, Pfeffer und Zucker abschmecken. Zwiebelscheiben, Apfel- und Gurkenstücke unterrühren. Die Heringsfiletstücke mit der Sauce vermengen, zugedeckt in den Kühlschrank stellen und über Nacht (etwa 12 Stunden) in der Sauce durchziehen lassen. Zum Servieren den Heringsstipp nochmals mit Salz, Pfeffer, Zucker und Gurkensud abschmecken.

Kartoffelsalat mit Mayonnaise

(IM FOTO VORN)

VEGETARISCH

ZUBEREITUNGSZEIT:
25 Minuten, ohne Abkühl- und Durchziehzeit
GARZEIT:
20 Minuten

ZUTATEN FÜR 4 PORTIONEN
800 g festkochende Kartoffeln
2 Zwiebeln, 3 hart gekochte Eier
100 g abgetropfte Gewürzgurken (aus dem Glas)

FÜR DIE SAUCE:
6 EL Salatmayonnaise
3 EL Gurkensud (aus dem Glas)
1 EL mittelscharfer Senf
Salz, gem. Pfeffer

PRO PORTION:
E: 10 g, F: 25 g, Kh: 31 g, kcal: 389

1. Kartoffeln unter fließendem Wasser ab bürsten, knapp mit Wasser bedeckt, zugedeckt zum Kochen bringen, in etwa 20 Minuten gar kochen.

2. Kartoffeln abgießen, mit kaltem Wasser abschrecken, abtropfen lassen und etwas abkühlen lassen. Die Kartoffeln pellen und in Scheiben schneiden. Die Kartoffelscheiben in eine große Salatschüssel geben.

3. Zwiebeln abziehen und fein würfeln. Eier pellen. Gewürzgurken und die gepellten Eier in Scheiben schneiden.

4. Für die Sauce Mayonnaise mit Gurkensud und Senf verrühren. Die Zutaten mit den abgekühlten Kartoffelscheiben und der Sauce vermengen. Salat mit Salz und Pfeffer würzen, mindestens 30 Minuten durchziehen lassen.

Warmer Kartoffelsalat

(IM FOTO HINTEN)

ZUBEREITUNGSZEIT:
30 Minuten, ohne Durchziehzeit
GARZEIT:
35–40 Minuten

ZUTATEN FÜR 4 PORTIONEN
1 kg festkochende Kartoffeln
1 Lorbeerblatt

1. Die Kartoffeln unter fließendem Wasser abbürsten, mit dem Lorbeerblatt knapp mit Wasser bedeckt, zugedeckt zum Kochen bringen und in etwa 20 Minuten gar kochen. Kartoffeln nicht zu weich kochen lassen.

2. In der Zwischenzeit Zwiebeln abziehen und würfeln. Speckwürfel in einem Topf mit 1 EL Öl braten. Die Zwiebelwürfel zugeben, dann mit Essig und Brühe ablöschen, etwa 3 Minuten ziehen lassen. Die Sauce mit Salz und Pfeffer würzen.

3. Kartoffeln abgießen, abtropfen lassen, heiß pellen, in Scheiben schneiden und in eine hitzebeständige Schüssel geben.

4. Die Sauce mit den warmen Kartoffelscheiben vorsichtig vermengen, nach und nach restliches Öl zugeben. Salat einige Stunden durchziehen lassen.

5. Den Backofen vorheizen.
Ober-/Unterhitze: etwa 150 °C
Heißluft: etwa 130 °C

6. Den Salat mit Salz, Pfeffer und Essig nochmals abschmecken.

7. Die Schüssel mit dem Salat auf dem Rost in den vorgeheizten Backofen schieben. Den Salat 15–20 Minuten wärmen, dabei gelegentlich durchschwenken. Schnittlauch unterrühren. Den Salat warm servieren.

FÜR DIE SAUCE:

2 Zwiebeln
50 g gewürfelter durchwachsener Speck
etwa 100 ml Speiseöl, z. B. Rapsöl
4–5 EL Kräuteressig
125 ml heiße Gemüsebrühe
Salz
gem. Pfeffer
2 EL Schnittlauchröllchen

PRO PORTION:

E: 7 g, F: 29 g, Kh: 35 g, kcal: 430

Kopfsalat mit Joghurtsauce

VEGETARISCH

ZUBEREITUNGSZEIT:
10 Minuten

ZUTATEN FÜR 4 PORTIONEN
1 Kopfsalat

FÜR DIE SALATSAUCE:
250 g Joghurt (3,5 % Fett)
Saft von 1–2 Zitronen
Zucker oder Honig
1 Prise Salz
gem. Pfeffer

PRO PORTION:
E: 12 g, F: 11 g, Kh: 20 g, kcal: 248

1. Kopfsalat putzen, äußere schlechte Blätter entfernen. Salatblätter jeweils vom Strunk lösen. Salatblätter abspülen, trocken schleudern oder in einem Sieb abtropfen lassen. Große Salatblätter kleiner zupfen.

2. Joghurt und Zitronensaft in einer Schüssel mit einem Schneebesen verschlagen und mit Zucker oder Honig, Salz und Pfeffer abschmecken.

3. Die Salatblätter mit der Sauce vermengen.

Die Joghurtsauce mit 1–2 EL frisch geschnittenen Schnittlauchröllchen verfeinern. Anstelle von Kopfsalat können Sie auch andere Blattsalate wie Eisbergsalat, Römersalat oder Eichblattsalat verwenden.

REZEPTVARIANTEN:
Für eine **Sahnesalatsauce** 200 g Schlagsahne, Saft von 1 Zitrone, 1 EL Sonnenblumenöl mit 1 Msp. Paprikapulver edelsüß in einer Schüssel mit einem Schneebesen verschlagen und mit 1 EL Zucker, Salz und Pfeffer abschmecken. Bei Bedarf mit 1–2 EL frisch geschnittenen Gartenkräutern (z. B. Petersilie und Schnittlauch) verfeinern.
Für ein **Zitronen-Buttermilch-Dressing** 125 g Buttermilch mit 150 g Crème fraîche und 1 Pck. ger. Zitronenschale verrühren. Mit Salz und gem. Pfeffer abschmecken. 2 EL Schnittlauchröllchen unterrühren.
Für ein **Rosmarin-Honig-Dressing** 1 Stängel Rosmarin abspülen, trocken tupfen und die Nadeln von dem Stängel zupfen. Die Nadeln klein schneiden. 1 Schalotte abziehen und sehr fein würfeln. Saft von 1 rosa Grapefruit mit 2 EL Weißweinessig und 1 TL flüssigem Honig verrühren, Rosmarin und Schalottenwürfel unterrühren. 5 EL Distelöl unterschlagen. Das Dressing mit Salz und Pfeffer abschmecken.

Nudelsalat mit Dillgurken

ZUBEREITUNGSZEIT:
45 Minuten, ohne Durchziehzeit

ZUTATEN FÜR 4 PORTIONEN

200 g Nudeln, z. B. kurze Makkaroni
½ gebratenes Hähnchen (400–500 g)
etwa 250 g Staudensellerie
etwa 200 g Dillgurken (aus dem Glas)

FÜR DIE SALATSAUCE:

2 EL Crème fraîche
2 EL Joghurt (3,5 % Fett)
1 EL Weißweinessig
1–2 EL Dillgurkenflüssigkeit (aus dem Glas)
Salz
gem. Pfeffer
Zucker
1–2 Stängel Dill

PRO PORTION:
E: 27 g, F: 14 g, Kh: 38 g, kcal: 391

1. Wasser in einem großen Topf zugedeckt zum Kochen bringen. Dann Salz und Nudeln zugeben. Die Nudeln im geöffneten Topf bei mittlerer Hitze nach Packungsanleitung bissfest kochen, dabei gelegentlich umrühren.

2. Die Nudeln in ein Sieb geben, mit kaltem Wasser abspülen und abtropfen lassen.

3. Hähnchenfleisch von den Knochen lösen. Die Haut entfernen. Das Fleisch in Stücke schneiden. Sellerie putzen und die harten Außenfäden abziehen. Sellerie abspülen, abtropfen lassen und in dünne Scheiben schneiden.

4. Dillgurken in einem Sieb abtropfen lassen, dabei die Gurkenflüssigkeit auffangen, abmessen und 2 EL davon beiseitestellen. Gurken ebenfalls in dünne Scheiben schneiden.

5. Für die Sauce Crème fraîche mit Joghurt, Essig und Gurkenflüssigkeit verrühren. Sauce mit Salz, Pfeffer und Zucker abschmecken.

6. Die vorbereiteten Salatzutaten mit der Sauce in einer Schüssel mischen. Den Salat gut durchziehen lassen.

7. Dill abspülen, trocken tupfen und die Spitzen von den Stängeln zupfen. Dillspitzen fein schneiden.

8. Vor dem Servieren den Salat mit Salz, Pfeffer und Zucker abschmecken. Dill unterheben.

Anstelle des gebratenen Hähnchens können Sie auch 400 g Fleischwurst klein schneiden und unter den Salat heben.

Salattorte

ZUBEREITUNGSZEIT:
60 Minuten, ohne Durchziehzeit

ZUTATEN FÜR 12 PORTIONEN

FÜR DIE SALATTORTE:
1 kleiner Eisbergsalat (etwa 300 g)
1 Salatgurke
1 Kohlrabi (etwa 250 g)
400 g mittelgroße Tomaten
1 Stange Lauch (etwa 250 g)
250 g Kochschinken, in dünnen Scheiben
5 hart gekochte Eier
1 Bund Radieschen
250 g mittelalter Gouda, im Stück

FÜR DIE SALATSAUCE:
1 Bund glatte Petersilie
1 Bund Schnittlauch
250 g Salatmayonnaise
300 g Sahnejoghurt (10 % Fett)
Salz
gem. Pfeffer

ZUM DEKORIEREN:
12 Kirschtomaten
12 kleine Holzspieße

PRO PORTION:
E: 15 g, F: 30 g, Kh: 5 g, kcal: 350

1. Für die Salattorte Eisbergsalat putzen, halbieren, abspülen und abtropfen lassen. Die Salatblätter in grobe Streifen schneiden.

2. Die Gurke abspülen, abtrocknen und die Enden abschneiden. Die Gurke in dünne Scheiben schneiden. Kohlrabi schälen, halbieren und in dünne Scheiben schneiden.

3. Tomaten abspülen, abtrocknen, halbieren und die Stängelansätze herausschneiden. Die Tomaten in Scheiben schneiden. Den Lauch putzen, die Stange längs halbieren, gründlich waschen und gut abtropfen lassen. Den Lauch in feine Streifen schneiden.

4. Schinkenscheiben mit Küchenpapier abtupfen. Eier pellen und in Scheiben schneiden. Radieschen putzen, abspülen, trocken tupfen und ebenfalls in Scheiben schneiden. Den Käse grob raspeln.

5. Den geöffneten Rand einer Springform (Ø 26 cm) auf eine passende Tortenplatte legen. Die vorbereiteten Zutaten in der Reihenfolge der Zutatenliste in die Form schichten, dabei jede Lage etwas andrücken. Zuletzt den geraspelten Käse darauf streuen. Einen Bogen Backpapier auf die Torte legen, darauf den Boden der Springform legen. Die Salattorte in den Kühlschrank stellen, mit Tellern oder kleinen Konservendosen beschweren und 12–24 Stunden durchziehen lassen.

6. Die Salatsauce kurz vor dem Servieren zubereiten. Dafür die Kräuter abspülen und trocken tupfen. Schnittlauch in Röllchen schneiden. Die Petersilienblättchen von den Stängeln zupfen, bis auf einige zum Garnieren, fein schneiden. Röllchen und geschnittene Blätter mit Mayonnaise und Sahnejoghurt verrühren. Die Sauce mit Salz und Pfeffer abschmecken.

7. Die Kirschtomaten abspülen, trocken tupfen und mit den Holzspießen auf die Torte stecken. Mit der übrigen Petersilie garnieren.

8. Den Springformrand vorsichtig lösen, die Torte mit einem Sägemesser oder besser noch mit einem elektrischen Messer in Stücke schneiden. Die Salatsauce separat zu der Salattorte reichen.

Für eine vegetarische Torte anstelle des Schinkens eine dünne Lage gerösteter Sesamkörner auf den Lauch streuen.

Tomatensalat

(IM FOTO OBEN)

VEGAN

ZUBEREITUNGSZEIT:
10 Minuten, ohne Durchziehzeit

ZUTATEN FÜR 4 PORTIONEN

500 g Tomaten

FÜR DIE SALATSAUCE:

1 kleine Zwiebel
1 EL Weißwein- oder Kräuteressig
Salz
frisch gem. Pfeffer
1 Prise Zucker
2 EL Olivenöl
5 Stängel Basilikum

PRO PORTION:

E: 1 g, F: 5 g, Kh: 4 g, kcal: 71

1. Tomaten abspülen, abtrocknen, halbieren und die Stängelansätze herausschneiden. Tomaten in Scheiben schneiden und in eine Schüssel geben.

2. Für die Sauce Zwiebel abziehen und fein würfeln. Essig mit Salz, Pfeffer und Zucker verrühren. Olivenöl unterschlagen.

3. Die Sauce mit den Tomatenscheiben mischen und den Salat kurz durchziehen lassen.

4. Basilikum abspülen, trocken tupfen und die Blättchen von den Stängeln zupfen. Einige Blättchen zum Garnieren beiseitelegen. Die restlichen Blättchen fein schneiden und unter den Salat geben.

5. Den Tomatensalat mit den beiseitegelegten Blättchen garniert servieren.

Eine schöne Ergänzung zum Tomatensalat ist ein einfacher Gurkensalat.

Für einen **Gurkensalat** (im Foto unten) 2 mittelgroße Salatgurken (je etwa 400 g) schälen und die Enden abschneiden. Die Gurken in dünne Scheiben schneiden oder auf einem Gurkenhobel in dünne Scheiben hobeln. 1–2 Stängel Dill abspülen und trocken tupfen. Dill in kleine Stängel zupfen und fein schneiden. 2 EL Weißweinessig mit Salz, Pfeffer und 1 TL Zucker verrühren. 2–3 EL Speiseöl, z. B. Rapsöl, mit einem Schneebesen unterschlagen. Dill hinzugeben und unterrühren. Die Gurkenscheiben in eine Schüssel geben und mit der Sauce gut vermengen. Den Salat etwa 15 Minuten durchziehen lassen. Den Salat mit Salz, Pfeffer und evtl. Zucker abschmecken.

Weißkohlsalat

VEGAN

ZUBEREITUNGSZEIT:
30 Minuten, ohne Durchziehzeit

ZUTATEN FÜR 12 PORTIONEN

1–1 ½ kg Weißkohl
300 g Gemüsezwiebeln
1 TL Kümmelsamen
4 EL Speiseöl, z. B. Sonnenblumen- oder Rapsöl

FÜR DIE MARINADE:

5 EL Weißweinessig
1 TL Selleriesalz
1 gestr. TL Salz
½ TL gem. Pfeffer
1–2 EL Zucker
1–2 TL ger. Meerrettich (aus dem Glas)

PRO PORTION:

E: 1 g, F: 4 g, Kh: 7 g, kcal: 67

1. Von dem Weißkohl die äußeren welken Blätter entfernen. Den Kohl vierteln, abspülen, abtropfen lassen und den Strunk herausschneiden. Den Kohl in feine Streifen schneiden oder hobeln. Gemüsezwiebeln abziehen und in feine Streifen schneiden. Die Kohl- und Zwiebelstreifen in eine große Schüssel geben. Kümmel mit ein paar Tropfen Speiseöl auf einem Schneidbrett grob hacken (Hinweis: Das Öl dient dazu, dass der Kümmel beim Hacken nicht wegspringt.)

2. Für die Marinade restliches Speiseöl mit Essig, Selleriesalz, Salz, Pfeffer, Zucker und Meerrettich in einen Topf geben und einmal aufkochen lassen.

3. Die heiße Marinade über den Weißkohlsalat geben und gut vermengen. Den Weißkohlsalat etwa 60 Minuten oder über Nacht durchziehen lassen.

4. Den Salat vor dem Servieren mit Salz, Pfeffer, Meerrettich und Zucker abschmecken.

REZEPTVARIANTE:

2 EL Sonnenblumenkerne in einer Pfanne ohne Fett rösten und auf den fertigen Salat streuen.

Sie können den Salat max. 2 Tage im Voraus zubereiten. Wenn Sie den Weißkohlsalat durchkneten, wird er noch weicher und zieht besser durch.
Statt Weißkohl können sie auch Spitzkohl verwenden.

Wurst-Käse-Salat

ZUBEREITUNGSZEIT:
25 Minuten

ZUTATEN FÜR 4 PORTIONEN

250 g Zwiebeln
250 g Emmentaler, im Stück
350 g Fleischwurst
75 g abgetropfte Gewürzgurken (aus dem Glas)

FÜR DIE SAUCE:

2 EL Weißweinessig
2 EL Wasser
1 TL mittelscharfer Senf
Salz
gem. Pfeffer
Zucker
4 EL Sonnenblumenöl

ZUM BESTREUEN:

1 EL Schnittlauchröllchen

PRO PORTION:

E: 28 g, F: 52 g, Kh: 4 g, kcal: 588

1. Zwiebeln abziehen, zunächst in Scheiben schneiden, dann in Ringe teilen. Zwiebelringe in kochendem Wasser etwa 2 Minuten kochen, dann in ein Sieb geben und abtropfen lassen.

2. Emmentaler entrinden und in Streifen schneiden. Die Fleischwurst enthäuten. Fleischwurst und Gewürzgurken in Scheiben schneiden, Wurstscheiben evtl. halbieren.

3. Für die Sauce Essig mit Wasser, Senf, Salz, Pfeffer und Zucker verrühren. Das Sonnenblumenöl unterschlagen. Die Salatzutaten mit der Sauce vermengen.

4. Den Wurst-Käse-Salat mit Schnittlauchröllchen bestreut servieren.

REZEPTVARIANTE:

Für einen **bayerischen Wurstsalat** (8–10 Portionen) die Pelle von 500 g Fleischwurst oder Regensburger Würstchen abziehen und die Wurst in dünne Scheiben schneiden. 200 g Gewürzgurken (aus dem Glas) ebenfalls in Scheiben schneiden und beides in eine Schüssel geben. 2 große Zwiebeln abziehen und in dünne Scheiben schneiden. Die Zwiebelscheiben mit 6 ELn Wasser, 2 ELn Essig und 4 ELn Sonnenblumenöl in einen Topf geben und kurz aufkochen. Mit Salz und gemahlenem Pfeffer würzen. Die Zwiebelscheiben mit den Wurst- und Gurkenscheiben vermischen und durchziehen lassen. Evtl. nochmals mit Salz und Pfeffer abschmecken. Salat bis zum Servieren zugedeckt mindestens 1 Stunde in den Kühlschrank stellen.

Den Wurst-Käse-Salat als kleine Mahlzeit mit Laugenbrötchen oder -brezeln oder als Partysalat servieren.
Sie können den Salat auch mit Geflügelfleischwurst oder Kasseler zubereiten.
Der Salat schmeckt gut durchgezogen noch besser.

Suppen + Eintöpfe

Wenn der Wind um die Häuser pfeift und die Tage dunkler werden, zieht ein würziger Duft durch Omas Küche, der hungrigen Mäulern das Wasser im Mund zusammenlaufen lässt. Dann köcheln auf dem Herd cremige Suppen und kräftige Brühen, die neben viel Gemüse, manchmal noch mit einer deftigen Fleischeinlage angereichert sind. Eine kräftige Semmelknödelsuppe, cremige Kartoffelsuppe oder eine herzhafte Gulaschsuppe laden dann zum Schlemmen und Genießen ein.

Brotsuppe

VEGETARISCH

ZUBEREITUNGSZEIT:
20 Minuten, ohne Einweichzeit
GARZEIT:
etwa 30 Minuten

ZUTATEN FÜR 4 PORTIONEN

200 g altbackenes, trockenes Brot
1 l Wasser
3 Gewürznelken
½ Stange Zimt
75 g Rosinen
2 EL Apfelsaft
3 EL Zucker
1 Prise Salz
1 kleines Bund Schnittlauch
1 Apfel
1 TL Zitronensaft
250 g saure Sahne
3 EL Schlagsahne
1–2 EL Zitronensaft
50 g saure Sahne

PRO PORTION:
E: 6 g, F: 10 g, Kh: 55 g, kcal: 342

1. Das Brot in kleine Stücke schneiden, mit dem Wasser in einem Topf etwa 30 Minuten einweichen.

2. Gewürznelken und Zimtstange in einen Papier-Teebeutel geben und zubinden. Gewürzbeutel zum Brot in den Topf geben, alles zum Kochen bringen und bei schwacher Hitze etwa 30 Minuten kochen lassen.

3. In der Zwischenzeit die Rosinen im Apfelsaft einweichen.

4. Den Gewürzbeutel aus dem Topf nehmen. Die Brotsuppe durch ein Sieb streichen oder pürieren. Etwa zwei Drittel der eingeweichten Rosinen, Zucker und Salz in die Suppe geben. Die Suppe unter Rühren nochmals aufkochen lassen.

5. Den Schnittlauch abspülen, trocken tupfen und in grobe Röllchen schneiden. Den Apfel abspülen, abtrocknen, vierteln, entkernen, in kleine Stücke schneiden und mit dem Zitronensaft mischen.

6. Zuletzt 200 g saure und die süße Sahne unter die Suppe rühren. Die Suppe nicht mehr kochen lassen und mit Zitronensaft abschmecken.

7. Die Suppe jeweils mit einem Klecks saurer Sahne sowie den restlichen Rosinen, den Apfelstückchen und dem Schnittlauch bestreut servieren.

REZEPTVARIANTE:
Für eine **herzhafte Brotsuppe nach fränkischer Art** etwa 250 g altbackene Brotscheiben in kleine Stücke schneiden. 125 g durchwachsene Speckwürfel in einem Topf auslassen. 2 fein gewürfelte Zwiebeln darin glasig dünsten. 750 ml kräftige Fleischbrühe hinzugießen, zum Kochen bringen, mit Salz, Pfeffer, Majoran oder Kümmel würzen. Klein geschnittene Petersilie unterrühren. Die Brotstücke hinzugeben und kurz durchziehen lassen.

Zusätzlich die Suppe mit Laugencroûtons servieren. Dazu 20 g Butter in einer Pfanne zerlassen. Eine Laugenstange oder Laugenbrezel in kleine Stücke schneiden und in der Pfanne unter gelegentlichem Rühren von allen Seiten knusprig braten.

Erbsensuppe

VEGAN

ZUBEREITUNGSZEIT:
15 Minuten
GARZEIT:
etwa 25 Minuten

ZUTATEN FÜR 4 PORTIONEN

250 g mehligkochende Kartoffeln
2 Zwiebeln
2–3 EL Speiseöl, z. B. Rapsöl
450 g TK-Erbsen oder frische, vorbereitete Erbsen
1 l Gemüsebrühe
1 TL gerebelter Majoran
Salz
gem. Pfeffer
1 EL Zucker
evtl. 1–2 EL klein geschnittene, glatte Petersilie

PRO PORTION:
E: 10 g, F: 7 g, Kh: 27 g, kcal: 215

1. Kartoffeln schälen, abspülen, abtropfen lassen und grob würfeln. Zwiebeln abziehen und ebenfalls grob würfeln. Speiseöl in einem Topf erhitzen, Zwiebel- und Kartoffelwürfel darin unter Rühren andünsten. Erbsen hinzufügen und die Brühe hinzugießen. Die Zutaten zum Kochen bringen und zugedeckt etwa 25 Minuten bei mittlerer Hitze kochen, nach Belieben pürieren.

2. Die Suppe mit Majoran, Salz, Pfeffer und Zucker abschmecken.

3. Die Erbsensuppe evtl. mit Petersilie garniert servieren.

REZEPTVARIANTE:
Für eine **Kokoserbsensuppe** verwenden Sie statt TK-Erbsen 250 g getrocknete Erbsen. Diese müssen in 1 ½ Liter Wasser etwa 60 Minuten gekocht werden, beachten Sie auch die Packungsanleitung. Anstelle von 1 Liter Gemüsebrühe 800 ml ungesüßte Kokosmilch und 200 ml Gemüsebrühe verwenden. Als Einlage passen dann geröstete Kokosraspel und Chiliflocken.

Omas Küchentipps

Nach Belieben können Sie die Suppe mit Crème fraîche servieren.
Als Einlage können Sie in Scheiben geschnittene Wiener Würstchen, Rauchenden, Räucherlachsstreifen, Croûtons oder kross gebratene Knoblauchscheiben in die Suppe geben.
1 EL klein geschnittene Kräuter entspricht, je nach Kraut (z. B. Petersilie, Pfefferminze, Kerbel), etwa 5 Stängeln von dem jeweiligen Kraut (abgespült, trocken getupft und klein geschnitten).

Flädlesuppe

ZUBEREITUNGSZEIT:
45 Minuten, ohne Ruhezeit
GARZEIT:
etwa 2 Stunden

ZUTATEN FÜR 4 PORTIONEN

FÜR DIE RINDSBRÜHE:

750 g Fleischknochen vom Rind
1 ½ l kaltes Wasser
1 Zwiebel
1 Bund Suppengrün (Sellerie, Lauch, Möhren)

FÜR DIE FLÄDLE:

125 g Weizenmehl
¼ gestr. TL Salz
2 Eier (Größe M)
250 ml kalte Milch (3,5 % Fett)
3–4 EL Sonnenblumenöl

ZUSÄTZLICH:

evtl. 1–2 TL Instant-Fleischbrühe
2 EL klein geschnittene Petersilie

PRO PORTION:

E: 16 g, F: 20 g, Kh: 30 g, kcal: 368

1. Für die Rindsbrühe Rinderknochen kurz unter fließendem kalten Wasser abspülen, in einen Topf geben, Wasser hinzugießen und zum Kochen bringen. Die Knochen zugedeckt etwa 60 Minuten bei schwacher bis mittlerer Hitze kochen lassen.

2. Zwiebel abziehen. Suppengrün putzen, abspülen, abtropfen lassen und in kleine Stücke schneiden. Suppengrün und Zwiebel zu den Fleischknochen in den Topf geben und weitere etwa 60 Minuten kochen lassen.

3. In der Zwischenzeit für die Flädle Mehl in eine Schüssel geben, in die Mitte eine Vertiefung drücken. Salz und Eier in die Vertiefung geben und von der Mitte aus Eier und Mehl verrühren.

4. Milch nach und nach hinzufügen, dabei darauf achten, dass keine Klümpchen entstehen. Den Teig etwa 10 Minuten ruhen lassen.

5. Etwas von dem Speiseöl in einer beschichteten Pfanne erhitzen. Den Teig nochmals gut durchrühren und eine dünne Teiglage mit einer drehenden Bewegung gleichmäßig auf dem Boden der Pfanne verteilen. Den Pfannkuchen von beiden Seiten goldgelb backen.

6. Aus dem restlichen Teig weitere Pfannkuchen backen. Die Pfannkuchen halbieren und in schmale kurze Streifen schneiden.

7. Die Rindfleischbrühe durch ein Sieb in einen Topf gießen, nach Belieben mit Instant-Fleischbrühe abschmecken.

8. Die Flädle erst kurz vor dem Servieren in die heiße Rindfleischbrühe geben und kurz erwärmen. Die Suppe mit Petersilie bestreut servieren.

Gemüseeintopf

VEGETARISCH

ZUBEREITUNGSZEIT:
45 Minuten
GARZEIT:
etwa 25 Minuten

ZUTATEN FÜR 4 PORTIONEN

375 g Möhren
375 g mehligkochende Kartoffeln
375 g grüne Bohnen
250 g Blumenkohl
250 g Tomaten
2 Zwiebeln
50 g Butter oder
4–5 EL Sonnenblumenöl
Salz
gem. Pfeffer
750 ml heiße Gemüsebrühe
2 EL klein geschnittene Kräuter, z. B. Petersilie, Basilikum

PRO PORTION:
E: 7 g, F: 12 g, Kh: 22 g, kcal: 222

1. Möhren putzen, schälen, abspülen und abtropfen lassen. Kartoffeln schälen, abspülen und abtropfen lassen. Beide Zutaten in Würfel schneiden. Von den Bohnen die Enden abschneiden, eventuell Fäden abziehen. Bohnen abspülen, abtropfen lassen und in Stücke schneiden oder brechen.

2. Vom Blumenkohl die Blätter entfernen und den Strunk abschneiden. Den Blumenkohl in Röschen teilen, abspülen und abtropfen lassen.

3. Die Tomaten kreuzweise einschneiden und mit kochendem Wasser übergießen. Nach 1–2 Minuten herausnehmen und mit kaltem Wasser abschrecken. Tomaten enthäuten, vierteln und die Stängelansätze herausschneiden.

4. Zwiebeln abziehen und würfeln. Butter oder Öl in einem Topf erhitzen. Zwiebel-, Kartoffelwürfel und Bohnen darin etwa 5 Minuten unter Rühren dünsten, mit Salz und Pfeffer würzen. Brühe hinzufügen, zum Kochen bringen und zugedeckt etwa 5 Minuten bei mittlerer Hitze kochen.

5. Möhrenwürfel und Blumenkohlröschen hinzufügen, zugedeckt etwa 10 Minuten mitkochen.

6. Tomatenviertel zum Eintopf geben und noch etwa 2 Minuten miterhitzen. Den Eintopf mit Salz und Pfeffer abschmecken, mit Kräutern bestreut servieren.

REZEPTVARIANTE:
Für einen **Gemüseeintopf mit Fleischklößchen** etwa 300 g frische Bratwurstmasse aus der Haut drücken. Formen Sie die Masse zu kleinen Klößchen und garen Sie diese die letzten 5 Minuten im Eintopf mit.

Grüne-Bohnen-Eintopf

ZUBEREITUNGSZEIT:
50 Minuten
GARZEIT:
etwa 60 Minuten

ZUTATEN FÜR 4 PORTIONEN

500 g mageres Rindfleisch (aus der Schulter)
1 Zwiebel
2–3 Stängel Bohnenkraut oder etwas gerebeltes Bohnenkraut
30 g Butterschmalz oder 3 EL Speiseöl
Salz
gem. Pfeffer
500 ml Gemüsebrühe
1 kg grüne Bohnen
500 g vorwiegend festkochende Kartoffeln

PRO PORTION:
E: 20 g, F: 7 g, Kh: 51 g, kcal: 346

1. Rindfleisch mit Küchenpapier trocken tupfen und in etwa 2 cm große Würfel schneiden. Zwiebel abziehen und klein würfeln. Das Bohnenkraut abspülen und trocken tupfen.

2. Das Butterschmalz oder Speiseöl in einem Topf erhitzen. Die Fleischwürfel darin von allen Seiten leicht anbraten. Die Zwiebelwürfel hinzufügen und kurz mit andünsten. Mit Salz und Pfeffer würzen. Bohnenkraut und Gemüsebrühe hinzugeben und zum Kochen bringen. Die Fleischwürfel zugedeckt etwa 40 Minuten bei mittlerer Hitze garen.

3. In der Zwischenzeit von den Bohnen die Enden abschneiden, eventuell abfädeln. Bohnen waschen und abtropfen lassen. Kartoffeln waschen, schälen, abspülen, abtropfen lassen und in Würfel schneiden.

4. Bohnen und Kartoffelwürfel zu den Fleischwürfeln in den Topf geben, mit Salz und Pfeffer würzen. Die Zutaten wieder zum Kochen bringen. Den Eintopf zugedeckt weitere etwa 20 Minuten garen. Die Bohnenkrautstängel aus dem Eintopf entfernen. Den Eintopf mit Salz und Pfeffer abschmecken.

Omas Küchentipps

Als Beilage passt frisches Fladenbrot.
Sie können die Bohnen auch in kleinere Stücke schneiden oder brechen.
Bohnenkraut ist das beste Gewürz für Bohnen. Es hat einen angenehmen, an Thymian oder Minze erinnernden, aber pfefferähnlichen Geruch und Geschmack.

Grünkohl mit Mettwürstchen

ZUBEREITUNGSZEIT:
60 Minuten
GARZEIT:
etwa 50 Minuten

ZUTATEN FÜR 4 PORTIONEN

Salz
1 ½ kg Grünkohl
2 Zwiebeln
3 EL Speiseöl, z. B. Sonnenblumen- oder Rapsöl, oder 30 g Gänseschmalz
400 ml Rinderbrühe
gem. Pfeffer
2 TL Senf

4 Mettwürstchen
4 Scheiben Kasseler
24 kleine Pellkartoffeln (vom Vortag)
4 EL Speiseöl
mittelscharfer Senf
2 EL Butter
Zucker

PRO PORTION:
E: 62 g, F: 72 g, Kh: 36 g, kcal: 1049

1. Für den Grünkohl 4 Liter Wasser in einem großen Topf zum Kochen bringen. 4 gestrichene TL Salz hinzufügen. In der Zwischenzeit vom Grünkohl welke oder fleckige Blätter und die Blattrippen entfernen. Den Grünkohl gründlich waschen, abtropfen lassen und fein hacken. Grünkohl portionsweise in das kochende Salzwasser geben, wieder zum Kochen bringen und 1–2 Minuten garen. Anschließend kurz in kaltem Wasser abschrecken und in einem Sieb abtropfen lassen.

2. Zwiebeln abziehen und würfeln. Speiseöl oder Gänseschmalz in einem Topf erhitzen. Die Zwiebelwürfel darin unter Rühren andünsten. Grünkohl hinzufügen und die Brühe hinzugießen, mit Salz und gemahlenem Pfeffer würzen. Senf unterrühren. Grünkohl zum Kochen bringen und zugedeckt etwa 30 Minuten bei schwacher Hitze kochen, dabei gelegentlich umrühren.

3. Die Mettwürstchen rundherum mehrfach mit einer Gabel einstechen und zusammen mit dem Kasseler zum Grünkohl geben. Die Zutaten zum Kochen bringen und zugedeckt bei schwacher bis mittlerer Hitze etwa 20 Minuten kochen.

4. In der Zwischenzeit Kartoffeln pellen. Speiseöl in einer Pfanne erhitzen. Die gepellten Kartoffeln darin von allen Seiten in etwa 10 Minuten goldbraun braten.

5. Mettwürstchen und Kasselerscheiben aus dem Topf nehmen. Den Grünkohl nach Belieben mit Salz, gemahlenem Pfeffer, 1 Prise Zucker und Senf abschmecken. Die Butter mit 1 Prise Zucker zu den gerösteten Kartoffeln geben.

6. Grünkohl mit Mettwürstchen, Kasseler und Röstkartoffeln auf 4 Tellern anrichten.

Omas Küchentipps

Grünkohl kann sehr gut in größeren Mengen zubereitet und portionsweise eingefroren werden. Er kann auch blanchiert und gehackt zur späteren Verwendung eingefroren werden.
Den Grünkohl durch Zugabe von 2–4 ELn Haferflocken (Instant) binden.
Die Kartoffeln können Sie auch würfeln und zusammen mit dem Grünkohl zu den Zwiebeln geben.

Gulaschsuppe

MIT ALKOHOL

ZUBEREITUNGSZEIT:
40 Minuten
GARZEIT:
etwa 1 Stunde 40 Minuten

ZUTATEN FÜR 12 PORTIONEN

2 ½ kg mageres Rindfleisch (ohne Knochen), z. B. aus der Unterschale
750 g Zwiebeln
6 EL Sonnenblumenöl
Salz
1 EL Paprikapulver rosenscharf
2 EL Tomatenmark
100 g Weizenmehl
500 ml trockener Rotwein
2 ¾ l Gemüsebrühe
960 g geschälte Tomaten (aus Dosen)
1 kg festkochende Kartoffeln
1 TL gem. Kümmelsamen
10 Stängel Thymian
2 Knoblauchzehen

PRO PORTION:
E: 50 g, F: 12 g, Kh: 24 g, kcal: 431

1. Rindfleisch mit Küchenpapier trocken tupfen, eventuell Haut und Sehnen abschneiden. Das Fleisch in kleine Würfel schneiden. Zwiebeln abziehen und in kleine Würfel schneiden.

2. Jeweils etwas Sonnenblumenöl in einem großen Topf erhitzen. Fleischwürfel darin portionsweise unter Rühren kräftig anbraten, mit Salz würzen. Sollte Fleischsaft austreten, solange einkochen lassen, bis sich eine Kruste gebildet hat.

3. Die angebratenen Fleischportionen wieder in den Topf geben, die Zwiebelwürfel hinzugeben, mit Paprika bestreuen und kurz anrösten. Tomatenmark unterrühren. Das Fleisch mit Mehl bestäuben und kurz unter Rühren anrösten.

4. Rotwein und Brühe hinzugießen, gut unterrühren. Geschälte Tomaten in den Dosen mit einem Messer grob zerkleinern und mit der Flüssigkeit hinzugeben. Die Zutaten zum Kochen bringen, mit Salz schwach würzen. Die Gulaschsuppe zugedeckt etwa 1 Stunde bei schwacher Hitze köcheln lassen.

5. In der Zwischenzeit die Kartoffeln schälen, abspülen, abtropfen lassen und in kleine Würfel schneiden. Die Kartoffelwürfel in die Suppe geben, wieder zum Kochen bringen und zugedeckt weitere etwa 40 Minuten köcheln lassen. Kümmel kurz vor Ende der Garzeit hinzugeben.

6. Thymian abspülen und trocken tupfen. Die Blättchen von den Stängeln zupfen. Knoblauch abziehen und in kleine Würfel schneiden. Thymianblättchen und Knoblauchwürfel unter die Gulaschsuppe rühren. Die Suppe mit Salz und Paprika abschmecken und servieren.

Omas Küchentipps

Als Beilage schmeckt Weißbrot.
Gulaschsuppe eignet sich gut als kulinarisches Highlight auf Partys.
Wenn Sie auf den Rotwein verzichten möchten, erhöhen Sie die Menge der Gemüsebrühe entsprechend.
Die Suppe eignet sich zur Zubereitung am Vortag. Die erkaltete Suppe bis zu ihrem Einsatz zugedeckt im Kühlschrank aufbewahren.

Hühnerbrühe

ZUBEREITUNGSZEIT:
30 Minuten
GARZEIT:
1 ½–2 Stunden

ZUTATEN FÜR 6–8 PORTIONEN

1 küchenfertiges Suppenhuhn (etwa 1 ½ kg, ohne Innereien)
2–3 l kaltes Wasser
1 EL Salz
1 Bund Suppengrün (Möhre, Lauch, Sellerie)
1 Knoblauchzehe
10 weiße Pfefferkörner
2 Lorbeerblätter
1 Kräutersträußchen (z. B. 3 Stängel Petersilie, 2–3 Stängel Thymian)

PRO PORTION:
E: 34 g, F: 8 g, Kh: 0 g, kcal: 212

1. Das Suppenhuhn an den Schenkeln zusammenbinden und mit dem Wasser in einen hohen großen Topf geben. Das Ganze zum Kochen bringen.

2. Den Schaum mit einem Schaumlöffel abschöpfen. Salz hinzufügen. Das Huhn etwa 1 Stunde bei mittlerer Hitze köcheln lassen, wenn nötig, etwas Wasser nachgießen.

3. Das Suppengrün putzen, schälen, abspülen, abtropfen lassen und grob zerschneiden. Knoblauch abziehen und mit dem Suppengrün, den Pfefferkörnern und den Lorbeerblättern zum Huhn in den Topf geben. Das Ganze eine weitere ½–1 Stunde köcheln lassen.

4. Etwa 15 Minuten vor Ende der Garzeit das Kräutersträußchen abspülen, in den Topf geben und mit der Brühe ziehen lassen.

5. Dann das Huhn aus der Brühe nehmen und abtropfen lassen. Die Brühe durch ein feines Sieb gießen.

REZEPTVARIANTE:
Für eine **Hühnersuppe** (siehe Foto) für die Einlage das gekochte Huhn enthäuten, das Fleisch von den Knochen lösen und klein schneiden. 1–2 Möhren putzen, schälen, abspülen, abtropfen lassen und in dünne Scheiben schneiden. 1 Lauchstange putzen, von den äußeren Blättern befreien. Das Wurzelende und dunkles Grün abschneiden. Die Lauchstange längs halbieren, gründlich waschen und abtropfen lassen. Lauch in kleine Stücke schneiden. 100 g Zuckerschoten putzen, abspülen, abtropfen lassen und in Stücke schneiden. Das Gemüse etwa 10 Minuten in der Brühe garen. Das klein geschnittene Hühnerfleisch hinzugeben und miterhitzen. Die Hühnersuppe mit 1 EL fein geschnittener Petersilie bestreut servieren.

Wenn Sie das Huhn in kaltem Wasser aufsetzen, laugt es stärker aus. Der Geschmack der Brühe wird kräftiger. Möchten Sie das Fleisch weiterverwenden, geben Sie es in das kochende Wasser. So bleibt es schön saftig. Zum Weiterverwenden des Hühnerfleischs können Sie einen Geflügel-Spargel-Salat (s. S. 14) oder Hühnerfrikassee (s. S. 130) zubereiten.

Kartoffelsuppe mit Würstchen

ZUBEREITUNGSZEIT:
15 Minuten
GARZEIT:
etwa 20 Minuten

ZUTATEN FÜR 4 PORTIONEN

1 Bund Suppengrün (Möhren, Lauch, Sellerie)
600 g mehligkochende Kartoffeln
2 EL Sonnenblumenöl
750 ml Gemüsebrühe
1 Lorbeerblatt
1 TL gerebelter Majoran
Salz
gem. Pfeffer
4 Wiener Würstchen (frisch oder aus dem Glas)

PRO PORTION:
E: 12 g, F: 20 g, Kh: 25 g, kcal: 335

1. Das Suppengrün und die Kartoffeln putzen, schälen, abspülen, abtropfen lassen und in grobe Würfel schneiden. Das Öl in einem großen Topf erhitzen. Das vorbereitete Gemüse in den Topf geben und unter Rühren andünsten. Die Gemüsebrühe hinzugießen. Lorbeerblatt und Majoran hinzugeben.

2. Die Suppe zum Kochen bringen und zugedeckt bei schwacher bis mittlerer Hitze zugedeckt in etwa 20 Minuten gar kochen. Ab und zu umrühren.

3. Das Lorbeerblatt aus dem Topf nehmen. Die Zutaten in der Suppe mit einem Kartoffelstampfer zerdrücken.

4. Die Suppe mit Salz und Pfeffer abschmecken. Die Wiener Würstchen im Ganzen oder klein geschnitten in die Kartoffelsuppe geben. Die Würstchen kurz miterhitzen, die Suppe aber nicht mehr kochen lassen.

REZEPTVARIANTE:
Für eine **cremige Kartoffelsuppe** 500 g mehligkochende Kartoffeln und 100 g Knollensellerie schälen, abspülen, abtropfen lassen und in Würfel schneiden. 1 Zwiebel abziehen, halbieren und ebenfalls in Würfel schneiden. 100 g Lauch putzen, die Stange längs halbieren, gründlich waschen, abtropfen lassen. Lauch in möglichst feine Streifen schneiden. 40 g Butter Butter in einem Topf zerlassen. Die Zwiebelwürfel darin glasig dünsten. Kartoffel-, Selleriewürfel und Lauchstreifen dazugeben und kurz mitdünsten. Anschließend 800 ml Gemüse- oder Fleischbrühe hinzugießen. Die Zutaten zum Kochen bringen und bei schwacher bis mittlerer Hitze zugedeckt in 20–30 Minuten gar kochen. Anschließend die Suppe mit einem Pürierstab pürieren, nochmals kurz erhitzen, dann 150 g Crème fraîche unterrühren. Die Kartoffelsuppe mit etwas gerebeltem Majoran, etwas ger. Muskatnuss, Salz und weißem Pfeffer abschmecken. Besonders luftig wird die Kartoffelsuppe, wenn Sie statt Crème fraîche 100 g cremig aufgeschlagene Sahne unter die Suppe heben.

Für eine vegane Variante geröstete Brotwürfel in die Suppe geben.
Die Kartoffelsuppe mit etwas geriebener Muskatnuss abschmecken und mit gehackter Petersilie bestreuen.

Käse-Lauch-Suppe

ZUBEREITUNGSZEIT:
30 Minuten
GARZEIT:
etwa 15 Minuten

ZUTATEN FÜR 4–6 PORTIONEN

3 Stangen Lauch (etwa 700 g)
3 EL Olivenöl
750 g Hackfleisch (halb Rind-, halb Schweinefleisch)
Salz
gem. Pfeffer
1 l Fleischbrühe
460 g abgetropfte Champignonscheiben (aus dem Glas)
200 g Sahne- oder Kräuterschmelzkäse

PRO PORTION:
E: 37 g, F: 43 g, Kh: 7 g, kcal: 561

1. Lauch putzen, von den äußeren Blättern befreien. Das Wurzelende und dunkles Grün (etwa ¼ der Stange) abschneiden. Die Lauchstangen längs halbieren, gründlich waschen und abtropfen lassen. Den Lauch in kleine Stücke schneiden.

2. Öl in einem großen Topf erhitzen. Hackfleisch hinzufügen und unter gelegentlichem Rühren anbraten. Dabei die Fleischklümpchen mit einer Gabel zerdrücken, mit Salz und gemahlenem Pfeffer würzen.

3. Die Lauchstücke hinzufügen und 1–2 Minuten andünsten. Die Brühe hinzugießen und zum Kochen bringen. Das Ganze zugedeckt etwa 15 Minuten bei mittlerer Hitze köcheln lassen.

4. Die Champignonscheiben in einem Sieb abtropfen lassen und hinzugeben. Käse dazugeben und unter Rühren bei schwacher Hitze schmelzen lassen, dabei die Suppe nicht mehr kochen lassen.

5. Die Käse-Lauch-Suppe mit Salz und Pfeffer abschmecken.

Omas Küchentipps

Die Suppe kann gut vorbereitet und ohne Pilzscheiben und Schmelzkäse nach dem Abkühlen eingefroren werden.
Sie eignet sich gut als Partysuppe, dazu bei Bedarf die Zutaten verdoppeln oder verdreifachen.
Statt frischer Fleischbrühe können Sie auch Instant-Fleisch- oder Gemüsebrühe verwenden. Beachten Sie dabei immer die Packungsanleitung.
Wer sich kalorienbewusst ernähren möchte, nimmt kalorienreduzierten Schmelzkäse (mit 9 % Fett).
Wer keine Pilze mag, erhöht stattdessen die Lauch- und Hackfleischmenge auf je etwa 1 kg. Die anderen Zutaten und die Zubereitung bleiben gleich.

Linseneintopf

ZUBEREITUNGSZEIT:
35 Minuten, ohne Einweichzeit
GARZEIT:
15–20 Minuten

ZUTATEN FÜR 6 PORTIONEN

200 g grüne Linsen
200 g schwarze Linsen
200 g rote Linsen
2 rote Zwiebeln
1 Knoblauchzehe
100 g Südtiroler Bauernspeck
500 g Lyoner Wurst (Fleischwurst)
1 dicke Möhre
100 g Knollensellerie
1 kleine Stange Lauch
2 EL Olivenöl
1 EL Zucker
2–3 EL Balsamico-Essig
2 l Fleischbrühe
1 Stängel Rosmarin
1 Lorbeerblatt
Salz
gem. Pfeffer
1 dickes Bund Schnittlauch
150 g Crème fraîche

PRO PORTION:
E: 40 g, F: 30 g, Kh: 59 g, kcal: 670

1. Die Linsen (grüne und schwarze gerne zusammen, rote extra) jeweils in ein Sieb geben, unter fließendem kalten Wasser abspülen, abtropfen lassen und in separate Schüsseln geben. Kaltes Wasser hinzugießen, sodass die Linsen ganz bedeckt sind. Linsen am besten über Nacht einweichen. Danach in einem Sieb abtropfen lassen. Das Einweichwasser dabei auffangen.

2. Zwiebeln und Knoblauch abziehen, jeweils in kleine Würfel schneiden. Bauernspeck in feine Streifen schneiden. Die Lyoner Wurst in etwa 1 cm große Würfel schneiden. Möhre und Sellerie putzen, schälen, abspülen, abtropfen lassen und ebenfalls in 1 cm große Würfel schneiden. Lauch putzen, die Stange längs halbieren, gründlich waschen, abtropfen lassen und in sehr kleine Stücke schneiden.

3. Das Olivenöl in einem Topf erhitzen. Zwiebel- und Knoblauchwürfel darin andünsten. Speckstreifen und Wurstwürfel hinzugeben und mit dünsten lassen.

4. Grüne und schwarze Linsen, Möhren-, Selleriewürfel und Lauchstückchen hinzugeben. Mit Zucker bestreuen. Die Zutaten unter Rühren karamellisieren lassen. Mit Balsamico-Essig ablöschen. Die Brühe und das aufgefangene Einweichwasser hinzugießen, zum Kochen bringen.

5. Den Rosmarin abspülen, trocken tupfen und mit dem Lorbeerblatt hinzugeben. Mit Salz und Pfeffer würzen.

6. Eintopf zugedeckt 15–20 Minuten bei schwacher Hitze kochen lassen. Rote Linsen 10–15 Minuten vor Ende der Garzeit hinzufügen.

7. Schnittlauch abspülen, trocken tupfen und in kleine Röllchen schneiden. Den Eintopf nochmals mit den Gewürzen abschmecken und mit Schnittlauchröllchen bestreut servieren. Crème fraîche dazureichen.

Rindfleischbrühe

ZUBEREITUNGSZEIT:
30 Minuten
GARZEIT:
2–2 ½ Stunden

ZUTATEN FÜR 6–8 PORTIONEN

- 1 kg Rindfleisch zum Kochen (z. B. Bug, Querrippe, Beinfleisch) möglichst mit Knochen oder zusätzlich 1–2 Markknochen
- 2–3 l kaltes Wasser
- 1 EL Salz
- 1 Bund Suppengrün (Möhre, Lauch, Sellerie)
- 2 mittelgroße Zwiebeln
- 3 Gewürznelken
- 1 TL Pfefferkörner
- 1 Lorbeerblatt

PRO PORTION:
E: 20 g, F: 9 g, Kh: 3 g, kcal: 175

1. Rindfleisch mit Küchenpapier trocken tupfen und mit dem Wasser in einen hohen großen Topf geben (das Fleisch muss mit Wasser bedeckt sein). Das Ganze zum Kochen bringen.

2. Den Schaum mit dem Schaumlöffel abschöpfen. Das Salz in den Topf geben. Das Fleisch etwa 1 Stunde bei mittlerer Hitze köcheln lassen.

3. Inzwischen Suppengrün putzen, schälen, abspülen und abtropfen lassen. Zwiebeln abziehen. Suppengrün und Zwiebeln etwas zerkleinern.

4. Zerkleinertes Suppengrün, Zwiebelstücke, Nelken, Pfefferkörner und Lorbeerblatt hinzufügen. Das Ganze weitere 1–1 ½ Stunden köcheln lassen.

5. Nach etwa 2 ½ Stunden Garzeit das Rindfleisch aus dem Topf nehmen. Die Brühe durch ein feines Sieb gießen. Die Brühe mit Salz abschmecken.

REZEPTVARIANTE:
Für eine **Rindfleischsuppe** (siehe Foto) ½–1 Bund Suppengrün putzen, abspülen, abtropfen lassen, in dünne Streifen schneiden und 10 Minuten in der Brühe garen. Das gekochte Rindfleisch klein schneiden, in die Suppe geben und miterwärmen. Die Suppe mit 1–2 EL fein geschnittener Petersilie bestreut servieren.

Omas Küchentipps

Wenn Sie das Rindfleisch in kaltem Wasser aufsetzen, laugt es stärker aus. Der Geschmack der Brühe wird voller und kräftiger. Auch wenn die Brühe ohne Deckel vor sich hin köchelt, wird ihr Geschmack intensiver.
Möchten Sie das Fleisch weiterverwenden, geben Sie das Fleisch in das kochende Wasser. So bleibt das Fleisch schön saftig.
Wenn Sie eine fettarme Brühe wünschen, lassen Sie die Brühe abkühlen. Stellen Sie die Brühe anschließend mindestens 4 Stunden in den Kühlschrank. Mit einem Löffel können Sie dann das kalte, erstarrte Fett auf der Oberfläche der Brühe abheben. Oder Sie ziehen stark saugendes Küchenpapier über die Oberfläche der noch warmen Brühe, dabei wird etwas Fett aufgesaugt.

Semmelknödelsuppe

ZUBEREITUNGSZEIT:
40 Minuten
GARZEIT:
etwa 2 ½ Stunden

ZUTATEN FÜR 4 PORTIONEN

FÜR DIE SUPPE:

500 g Rinderknochen
1 ½ l kaltes Wasser
2 Zwiebeln
1 Bund Suppengrün
(Sellerie, Lauch, Möhren)
Salz
gem. Pfeffer

FÜR DIE SEMMELKNÖDEL:

4 Brötchen (Semmeln) vom Vortag
(etwa 230 g)
20 g Butter (zimmerwarm)
2 Eier (Größe M)
3–4 EL gehackte Petersilie
Salz
ger. Muskatnuss
1–2 EL gehackte Petersilie

PRO PORTION:

E: 14 g, F: 8 g, Kh: 39 g, kcal: 289

1. Die Rinderknochen kurz unter fließendem kalten Wasser abspülen, in einen Topf geben, Wasser hinzugießen und zum Kochen bringen. Den evtl. entstehenden Schaum abschöpfen. Die Knochen zugedeckt etwa 60 Minuten bei schwacher bis mittlerer Hitze kochen lassen.

2. Die Zwiebeln abziehen. Sellerie und Möhren putzen, schälen, abspülen und abtropfen lassen. Lauch putzen, die Stange längs halbieren, waschen und abtropfen lassen. Vorbereitetes Suppengrün in kleine Stücke schneiden. Suppengrün und Zwiebeln zu den Knochen in den Topf geben und weitere etwa 60 Minuten kochen lassen.

3. Die Brühe durch ein Sieb in einen Topf abgießen. Die Brühe mit Salz und Pfeffer abschmecken.

4. Für die Semmelknödel Brötchen in feine Scheiben schneiden. 125 ml von der Brühe abmessen und die Brötchenscheiben damit beträufeln. Die Butter unterrühren, mit Eiern, 2 EL Petersilie, Salz und Muskat vermengen. Aus der Masse mit angefeuchteten Händen 12 gleich große Knödel formen.

5. Salzwasser in einem großen Topf zum Kochen bringen. Die Knödel hineingeben und in dem siedenden Wasser in etwa 15 Minuten gar ziehen lassen. Die Knödel mit einer Schaumkelle aus dem Topf nehmen.

6. Die restliche Brühe wieder erhitzen. Die Knödel in der Brühe, mit 1–2 EL Petersilie bestreut, servieren.

Spargelcremesuppe

VEGETARISCH

ZUBEREITUNGSZEIT:
45 Minuten
GARZEIT:
35-37 Minuten

ZUTATEN FÜR 4 PORTIONEN

500 g weißer Spargel
Salz
Zucker
60 g Butter
etwa 300 ml Milch (1,5 % Fett)
30 g Weizenmehl
2–3 Stängel Petersilie
gem. weißer Pfeffer
ger. Muskatnuss
2 Eigelb (Größe M)
3 EL Schlagsahne

PRO PORTION:
E: 7 g, F: 22 g, Kh: 12 g, kcal: 272

1. Den Spargel abspülen und abtropfen lassen. Die Spargelstangen von oben nach unten schälen. Dabei darauf achten, dass die Schalen vollständig entfernt, die Köpfe aber nicht verletzt werden. Die unteren Enden abschneiden (holzige Stellen vollkommen entfernen). Schalen und Enden beiseitelegen. Die Spargelstangen in etwa 3 cm lange Stücke schneiden.

2. Spargelenden und -schalen in den Topf geben. 1 TL Salz, 1 TL Zucker und 20 g Butter hinzufügen. 1 Liter Wasser hinzugießen, zum Kochen bringen und zugedeckt etwa 15 Minuten bei mittlerer Hitze köcheln lassen.

3. Die Spargelenden und -schalen durch ein Sieb abgießen, die Kochflüssigkeit dabei auffangen und wieder zum Kochen bringen. Die Spargelstücke hineingeben, zum Kochen bringen und zugedeckt in 10–12 Minuten bissfest garen.

4. Die Spargelstücke zum Abtropfen in ein Sieb geben, dabei die Kochflüssigkeit wieder auffangen und mit der Milch auf 1 Liter auffüllen.

5. Die restliche Butter in dem Topf zerlassen. Mehl unter Rühren darin erhitzen, bis es hellgelb ist. Die Spargel-Milch-Flüssigkeit nach und nach hinzugießen, mit einem Schneebesen kräftig durchschlagen. Dabei darauf achten, dass keine Klümpchen entstehen.

6. Die Suppe zum Kochen bringen und bei schwacher Hitze etwa 10 Minuten ohne Deckel leicht kochen, dabei gelegentlich umrühren.

7. Die Petersilie abspülen, trocken tupfen, die Blättchen von den Stängeln zupfen und zwei Drittel davon fein schneiden.

8. Die Suppe mit Salz, Zucker, Pfeffer und Muskat würzen. Eigelb mit Sahne in einer kleinen Schüssel verschlagen und 4 EL von der Suppe unterrühren.

9. Die Eigelb-Sahne-Masse unter die Suppe rühren, die Suppe nicht mehr kochen lassen (sie flockt sonst aus!). Abgetropfte Spargelstücke wieder hinzufügen und kurz erwärmen. Die Suppe mit Petersilie garniert servieren.

Nach Belieben 50 g Kochschinken- oder Lachsstreifen hinzufügen.

Suppeneinlage: Eierstich

VEGETARISCH

ZUBEREITUNGSZEIT:
etwa 5 Minuten
GARZEIT:
25–30 Minuten

ZUTATEN FÜR 4 PORTIONEN
2 Eier (Größe M)
125 ml Milch (3,5 % Fett)
Salz
ger. Muskatnuss
etwas Rapsöl oder Butter zum Fetten der Form

PRO PORTION
E: 4 g, F: 5 g, Kh: 2 g, kcal: 73

1. Eier mit Milch, Salz und Muskat verschlagen, in eine gefettete, hitzebeständige sowie verschließbare Form füllen. Form verschließen, in einen weiten, hohen Topf stellen. So viel heißes Wasser hinzugießen, bis die Form halb im Wasser steht.

2. Den Topf verschließen. Eiermilch bei schwacher Hitze 25–30 Minuten stocken lassen. Anschließend den Eierstich aus der Form lösen, stürzen und etwas abkühlen lassen. Den Eierstich nach Belieben in Rauten oder Würfel schneiden.

Omas Küchentipps

Anstatt die Form zu fetten, können Sie diese auch mit Klarsichtfolie auslegen. Bereiten Sie den Eierstich im Dampfgarer zu. Beachten Sie auch die Angaben des Herstellers.
Eierstich ist eine tolle Einlage für viele Suppen, z. B. für eine Rindfleischbrühe (s. S. 56).

Suppeneinlage: Grießklößchen

VEGETARISCH

ZUBEREITUNGSZEIT:
20 Minuten

ZUTATEN FÜR 4 PORTIONEN
125 ml Milch (3,5 % Fett)
1 EL (10 g) Butter
1 Msp. Salz
ger. Muskatnuss
50 g Hartweizengrieß
1 Ei (Größe M)
Salzwasser (auf 1 l Wasser 1 TL Salz) oder Brühe

PRO PORTION:
E: 4 g, F: 5 g, Kh: 10 g, kcal: 102

1. Milch mit Butter, Salz und Muskat zum Kochen bringen. Den Topf von der Kochstelle nehmen. Weizengrieß einrühren, zu einem glatten Kloß rühren, dann noch etwa 1 Minute auf der Kochstelle erhitzen. Den heißen Kloß in eine Schüssel geben und das Ei unterrühren.

2. So viel Salzwasser oder Brühe zum Kochen bringen, dass die Klößchen in der Flüssigkeit „schwimmen" können. Aus der Grießmasse mithilfe von 2 in heißes Wasser getauchten TLn Klößchen formen, in das kochende Salzwasser oder die kochende Brühe geben und ohne Deckel etwa 5 Minuten gar ziehen lassen (Flüssigkeit muss sich leicht bewegen).

Grießklößchen passen als Einlage in klare Brühen und Suppen, z. B. Hühnerbrühe (s. S. 48).

Tomatensuppe

VEGETARISCH

ZUBEREITUNGSZEIT:
25 Minuten
GARZEIT:
etwa 20 Minuten

ZUTATEN FÜR 4 PORTIONEN

1 kg große Tomaten,
z. B. Fleischtomaten
1 Zwiebel
1 Knoblauchzehe
2 EL Olivenöl
375 ml Gemüsebrühe
1 Prise Zucker
Salz
gem. Pfeffer
¼ TL Cayennepfeffer
1 Lorbeerblatt
½ TL gerebelter Oregano

PRO PORTION:
E: 9 g, F: 14 g, Kh: 9 g, kcal: 194

1. Tomaten abspülen, trocken tupfen, vierteln, die Stängelansätze herausschneiden. Tomaten in Stücke schneiden.

2. Zwiebel und Knoblauch abziehen. Zwiebel fein würfeln. Knoblauchzehe zerdrücken oder ebenfalls fein würfeln.

3. Das Olivenöl in einem Topf erhitzen. Zwiebelwürfel und Knoblauch darin unter Rühren andünsten. Die Tomatenstücke hinzufügen und etwa 5 Minuten unter Rühren mit andünsten.

4. Gemüsebrühe, Zucker, Salz, Pfeffer, Cayennepfeffer, Lorbeerblatt und Oregano hinzufügen, alles zum Kochen bringen und etwa 15 Minuten bei schwacher Hitze mit Deckel köcheln lassen. Dann das Lorbeerblatt herausnehmen.

5. Die Suppe mit dem Pürierstab pürieren, nochmals aufkochen lassen und mit den Gewürzen abschmecken.

REZEPTVARIANTE:
Für **Tomatensuppe mit Reis**
125 g Langkornreis in kochendem Salzwasser nach Packungsanleitung garen. Reis in einem Sieb abtropfen lassen. Die Suppe wie angegeben zubereiten. Den Reis hinzufügen und kurz in der Suppe erwärmen.

Die Suppe mit gebratenen Brotwürfelchen bestreuen. Besonders gut schmecken diese, wenn sie in einer Pfanne in etwas Olivenöl knusprig gebraten und zusammen mit etwas Pesto in die Suppe gegeben werden.
Wenn es schnell gehen soll, können Sie auch 1 große Dose geschälte Tomaten (800 g) anstelle der frischen Tomaten verwenden.

Wirsingeintopf

ZUBEREITUNGSZEIT:
etwa 30 Minuten
GARZEIT:
45-50 Minuten

ZUTATEN FÜR 4–6 PORTIONEN

500 g Rind- oder Lammfleisch (aus der Schulter)
2 Zwiebeln
30 g Butterschmalz
Salz
gem. Pfeffer
gem. Kümmel oder Kümmelsamen
750 ml Gemüsebrühe
1 kg Wirsing
375 g mehligkochende Kartoffeln
evtl. 2 EL klein geschnittene Petersilie

PRO PORTION:
E: 33 g, F: 16 g, Kh: 17 g, kcal: 349

1. Das Fleisch mit Küchenpapier abtupfen und in etwa 2 cm große Würfel schneiden. Zwiebeln abziehen, halbieren und in Scheiben schneiden.

2. Butterschmalz in einem großen Topf zerlassen. Die Fleischwürfel darin von allen Seiten leicht anbraten. Zwiebelscheiben hinzufügen und kurz mit anbraten.

3. Die Fleischwürfel mit Salz, Pfeffer und Kümmel würzen. Gemüsebrühe hinzugießen, zum Kochen bringen und zugedeckt 30–40 Minuten bei kleiner bis mittlerer Hitze köcheln lassen.

4. In der Zwischenzeit vom Wirsing die äußeren welken Blätter entfernen. Wirsing vierteln, abspülen, abtropfen lassen und den Strunk herausschneiden. Wirsing in Streifen schneiden. Kartoffeln schälen, abspülen, abtropfen lassen und in Würfel schneiden.

5. Nach Ende der Kochzeit Wirsingstreifen und Kartoffelwürfel hinzufügen und wieder zum Kochen bringen. Den Eintopf zugedeckt in weiteren 15–20 Minuten fertig garen.

6. Den Eintopf nochmals mit den Gewürzen abschmecken und nach Belieben mit Petersilie bestreut servieren.

Für 500 g schieres Lammfleisch aus der Schulter benötigt man eine Lammschulter von etwa 900 g (mit Knochen).
Statt mit Wirsing können Sie den Eintopf auch mit Spitzkohl (Garzeit 25–30 Minuten) oder Chinakohl (Garzeit etwa 20 Minuten) zubereiten.

Beilagen und Kleinigkeiten

Oma kennt die besten Beilagen für jeden Geschmack und Anlass: Pellkartoffeln zum Sonntagsbraten, gefüllte Eier für das Buffet oder Obatzda zur Brotzeit. Nicht fehlen dabei darf der Spargel – das weiße Gold. Jahr für Jahr ist die Freude groß, wenn die Ernte des königlichen Gemüses beginnt. Zusammen mit einer klassischen Sauce Hollandaise wird jedes Spargelgericht zum Gedicht.

Blumenkohl (IM FOTO VORN)

ZUBEREITUNGSZEIT:
20 Minuten
GARZEIT:
etwa 10 Minuten

ZUTATEN FÜR 4–6 PORTIONEN
1 l Wasser
1 großer Blumenkohl (etwa 1,2 kg)
2 gestr. TL Salz, 60 g Butter
2–3 EL Semmelbrösel
evtl. ger. Muskatnuss

PRO PORTION:
E: 4 g, F: 9 g, Kh: 7 g, kcal: 126

1. Wasser in einem Topf zum Kochen bringen. Von dem Blumenkohl Blätter und braune Stellen entfernen, den Strunk abschneiden. Blumenkohl abspülen, abtropfen lassen und in Röschen teilen.

2. Blumenkohlröschen in das kochende Wasser geben. Salz hinzufügen, wieder zum Kochen bringen und zugedeckt bei schwacher Hitze in etwa 10 Minuten gar kochen.

3. Butter in einer kleinen Pfanne zerlassen. Semmelbrösel darin unter Rühren hellbraun rösten. Nach Belieben mit Muskat würzen. Blumenkohlröschen mit einer Schaumkelle aus dem Wasser heben, abtropfen lassen und in eine vorgewärmte Schüssel geben. Die Butter-Semmelbrösel-Mischung daraufgeben.

Blumenkohl mit Käse überbacken ist auch ein schönes Hauptgericht.

Brokkoli (IM FOTO HINTEN)

ZUBEREITUNGSZEIT:
15 Minuten
GARZEIT:
etwa 8 Minuten

ZUTATEN FÜR 4 PORTIONEN
1 l Wasser
1 kg Brokkoli, 1 gestr. TL Salz
2 hart gekochte Eier
2 EL gehobelte Mandeln
40 g Butter

PRO PORTION:
E: 11 g, F: 15 g, Kh: 5 g, kcal: 202

1. Wasser in einem Topf zum Kochen bringen. Vom Brokkoli die Blätter entfernen. Den Strunk abschneiden. Brokkoli in Röschen teilen.

2. Brokkoliröschen abspülen, abtropfen lassen, mit Salz in das kochende Wasser geben, wieder zum Kochen bringen und zugedeckt etwa 8 Minuten bei mittlerer Hitze bissfest kochen.

3. Eier pellen und fein hacken. Mandeln in einer beschichteten Pfanne goldgelb rösten. Butter hinzugeben und zerlassen. Die gehackten Eier untermischen.

4. Brokkoli mit einer Schaumkelle aus dem Wasser heben, abtropfen lassen und in eine vorgewärmte Schüssel geben. Mandel-Butter-Eier-Mischung auf dem Brokkoli verteilen.

Dicke Bohnen mit Speck

ZUBEREITUNGSZEIT:
65 Minuten
GARZEIT:
etwa 20 Minuten

ZUTATEN FÜR 4 PORTIONEN

500 g frische dicke, ausgepalte Bohnen (2 ½–3 kg mit Hülsen)
1 Stängel Bohnenkraut
100 g durchwachsener Speck, am Stück
2–3 Zwiebeln
gut 125 ml Wasser
Salz
gem. Pfeffer
1 EL Schnittlauchröllchen

PRO PORTION:
E: 13 g, F: 8 g, Kh: 17 g, kcal: 195

Dazu schmeckt frisches Bauernbrot.

1. Bohnen und Bohnenkraut abspülen und trocken tupfen. Den Speck in kleine Würfel schneiden.

2. Die Speckwürfel in einer erhitzten Pfanne auslassen. Zwiebeln abziehen und in Scheiben schneiden. Zwiebelscheiben zu den Speckwürfeln in die Pfanne geben und goldgelb dünsten. Die Bohnen hinzufügen und mitdünsten lassen.

3. Bohnenkraut und Wasser hinzugeben, mit Salz und Pfeffer würzen. Die Bohnen in etwa 40 Minuten gar dünsten.

4. Dicke Bohnen mit den Speckwürfeln anrichten und mit Schnittlauchröllchen bestreut sofort servieren.

REZEPTVARIANTE:
Für einen **Eintopf von grünen und weißen Bohnen** 2 kleine rote Zwiebeln und 2 Knoblauchzehen abziehen, klein würfeln. 300 g küchenfertige Schneidebohnen (breite Bandbohnen) schräg in Stücke schneiden. 300 g festkochende Kartoffeln schälen, abspülen, abtropfen lassen und in Würfel schneiden. 2 EL Olivenöl in einem großen Topf erhitzen. Zwiebel- und Knoblauchwürfel darin andünsten. Die Bohnenstücke sowie 300 g frische dicke, ausgepalte Bohnen und Kartoffelwürfel hinzugeben, kurz mit andünsten. 1 ½ l Gemüsebrühe hinzugießen. Mit Salz und Pfeffer würzen. Die Zutaten zum Kochen bringen. 4 Stängel Bohnenkraut abspülen, trocken tupfen und in den Topf geben. Den Eintopf zugedeckt etwa 20 Minuten bei schwacher Hitze kochen lassen. 16 Cocktailtomaten abspülen, trocken tupfen und die Stängelansätze herausschneiden. Nach etwa 20 Minuten Garzeit 230 g abgetropfte weiße Bohnen (aus der Dose) und Cocktailtomaten in den Eintopf geben, wieder zum Kochen bringen und weitere etwa 5 Minuten kochen lassen. Den Eintopf mit Salz und Pfeffer abschmecken. Bohnenkrautstängel herausnehmen.

Gefüllte Eier

ZUBEREITUNGSZEIT:
25 Minuten

ZUTATEN FÜR 8 STÜCK
4 Eier (Größe M)
2 schwach geh. EL Mayonnaise
½ TL Senf
½ TL Weißweinessig
½ TL Worcestersauce
1 TL Rapsöl
1 Msp. Paprikapulver
Salz
gem. Pfeffer
einige Salatblätter
etwa 3 Cornichons
einige Cocktailtomaten
8 abgetropfte Sardellenfilets in Öl
grob gehackter Dill

PRO STÜCK:
E: 5 g, F: 8 g, Kh: 1 g, kcal: 97

1. Eier in 10–12 Minuten hart kochen. Die Eier pellen, längs halbieren, das Eigelb herauslösen und durch ein feines Sieb streichen. Das Eigelb mit Mayonnaise, Senf, Essig, Worcestersauce und Rapsöl zu einer geschmeidigen Masse verrühren. Die Eigelbmasse mit Paprikapulver, Salz und Pfeffer würzen, in einen Spritzbeutel mit großer Sterntülle füllen und die Eihälften damit gleichmäßig füllen.

2. Die Salatblätter abspülen und trocken tupfen oder schleudern. Die Cornichons in feine Streifen schneiden. Cocktailtomaten abspülen, abtrocknen und evtl. die Stängelansätze herausschneiden. Die Tomaten in Scheiben schneiden.

3. Die Eihälften auf den Salatblättern anrichten, mit Sardellenfilets, Cornichonstreifen und Tomatenscheiben garnieren. Die Eier mit Dill bestreut servieren.

REZEPTVARIANTEN:
Für **Eier mit Kräuterquarkfüllung** je 1 EL Kräuter-Crème-fraîche und Kräuterquark unter das durchgestrichene Eigelb rühren, mit Salz und Zucker abschmecken. Die Masse in die Eihälften füllen und mit 100 g bunten Paprikastreifen garnieren.
Für **Eier mit Tomatenquarkfüllung** 2 EL Sahnequark, 1–2 TL Tomatenmark und 1 TL abgetropfte, fein gehackte Kapern unter das durch ein Sieb gestrichene Eigelb rühren, mit Salz, Pfeffer und Zucker würzen. Die Masse in die Eihälften füllen. Mit 50 g Schinkenstreifen und Kapern garnieren.

Die gefüllten Eier zu Salatplatten, auf einem Buffet oder als Vorspeise mit Toast oder Baguette servieren.
Die Eihälften vor dem Füllen in Schnittlauchröllchen oder gehackten Erdnusskernen wälzen.

Kartoffelklöße

VEGETARISCH

ZUBEREITUNGSZEIT:
40 Minuten (an 2 Tagen), ohne Kühlzeit

GARZEIT:
etwa 40 Minuten

ZUTATEN FÜR 4 PORTIONEN (12 STÜCK)
750 g mehligkochende Kartoffeln
50 g Semmelbrösel
20 g Weizenmehl
2 Eier (Größe M)
Salz
ger. Muskatnuss
Salzwasser (auf 1 l Wasser 1 TL Salz)

PRO PORTION:
E: 9 g, F: 4 g, Kh: 38 g, kcal: 225

1. Kartoffeln unter fließendem Wasser abbürsten, knapp mit Wasser bedeckt, zugedeckt zum Kochen bringen und in etwa 20 Minuten gar kochen.

2. Die Kartoffeln abgießen, mit kaltem Wasser abschrecken und abtropfen lassen. Die Kartoffeln noch warm pellen, sofort durch eine Kartoffelpresse drücken oder mit einem Kartoffelstampfer zerdrücken, abkühlen lassen und zugedeckt über Nacht kalt stellen.

3. Semmelbrösel, Mehl und Eier mit einem Mixer (Knethaken) oder einem Rührlöffel unter die Kartoffelmasse kneten, mit Salz und Muskat würzen.

4. Aus der Masse mit bemehlten Händen 12 gleich große Klöße formen.

5. In einem großen Topf so viel Salzwasser zum Kochen bringen, dass die Klöße in dem Wasser „schwimmen" können. Klöße in das kochende Salzwasser geben, wieder zum Kochen bringen und ohne Deckel etwa 20 Minuten gar ziehen lassen (das Wasser muss sich leicht bewegen).

6. Die gegarten Klöße mit einer Schaumkelle aus dem Wasser nehmen und gut abtropfen lassen.

REZEPTVARIANTE:
Für **rohe Kartoffelklöße** (im Foto links hinten) 1 ½ kg mehligkochende Kartoffeln schälen, abspülen, abtropfen lassen und in eine Schüssel mit kaltem Wasser reiben. Ein Sieb mit einem Küchentuch auslegen, die Kartoffelmasse hineingeben, das Tuch zusammendrehen und gut auspressen. Die Masse in eine Rührschüssel geben. 250 ml Milch mit 40 g Butter oder Margarine und 2 gestrichenen TL Salz in einem Topf zum Kochen bringen. 150 g Hartweizengrieß unter Rühren einstreuen, kurz aufkochen lassen. Die Grießmilch sofort zu den ausgepressten Kartoffeln geben. Die Zutaten mit einem Mixer (Knethaken) zu einer glatten Masse verkneten. Die Kartoffel-Grieß-Masse nochmals mit Salz abschmecken. 1 Brötchen (Semmel) in kleine Würfel schneiden. 30 g Butter oder Margarine in einer Pfanne zerlassen und die Brötchenwürfel darin unter gelegentlichem Rühren goldbraun rösten. Aus der Kartoffelmasse 12 Klöße formen, in jeden Kloß einige Brötchenwürfel drücken. Die Klöße wie unter Punkt 5 beschrieben gar ziehen lassen.

Kohlrabigemüse mit Béchamelsauce

VEGETARISCH

ZUBEREITUNGSZEIT:
25 Minuten
GARZEIT:
Kohlrabi: 5–10 Minuten

ZUTATEN FÜR 4 PORTIONEN

FÜR DIE SAUCE:
25 g Butter oder Margarine
20 g Weizenmehl
375 ml Brühe, z. B. Gemüsebrühe
Salz
gem. Pfeffer
ger. Muskatnuss

FÜR DAS KOHLRABIGEMÜSE:
1 kg Kohlrabi
50 g Butter
100 ml Gemüsebrühe
Salz
gem. Pfeffer
ger. Muskatnuss

PRO PORTION:
E: 6 g, F: 18 g, Kh: 13 g, kcal: 236

1. Butter oder Margarine in einem Topf zerlassen. Mehl darin unter Rühren so lange erhitzen, bis es hellgelb ist.

2. Brühe hinzugießen und mit einem Schneebesen gut durchschlagen. Dabei darauf achten, dass keine Klümpchen entstehen.

3. Die Sauce zum Kochen bringen, kurz aufkochen lassen. Mit Salz, Pfeffer und Muskat abschmecken.

4. Kohlrabi putzen und das zarte Grün beiseitelegen. Kohlrabi schälen, abspülen und abtropfen lassen. Kohlrabi zuerst in Scheiben, dann in Stifte schneiden.

5. Butter in einem Topf zerlassen. Die Kohlrabistifte darin kurz unter Rühren dünsten, Gemüsebrühe hinzugießen und zum Kochen bringen. Kohlrabi zugedeckt 5–10 Minuten bei schwacher Hitze garen.

6. Kohlrabi mit Salz, Pfeffer und Muskat würzen. Beiseitegelegtes Kohlrabigrün abspülen, trocken tupfen und klein schneiden. Kohlrabi mit der Béchamelsauce und dem Kohlrabigrün bestreut servieren.

Omas Küchentipps

Anstelle des Kohlrabis schmeckt auch gedünsteter Lauch. Hierfür 1 kg Lauch putzen, die Stangen längs halbieren, gründlich waschen, abtropfen lassen und in etwa 6 cm lange Stücke schneiden. 30 g Butter oder Margarine in einem Topf zerlassen. Lauchstücke darin kurz dünsten, 100 ml Gemüsebrühe hinzugießen, zum Kochen bringen und zugedeckt 5–8 Minuten bei schwacher Hitze garen. Lauch mit Salz, Pfeffer und Muskat würzen.
Diese Gemüse passen gut zu Schmorgerichten oder Frikadellen.

Möhren-Erbsen-Gemüse

VEGETARISCH

ZUBEREITUNGSZEIT:
etwa 20 Minuten
GARZEIT:
8–10 Minuten

ZUTATEN FÜR 4 PORTIONEN
600 g Möhren
40 g Butter oder Margarine
400 g TK-Erbsen
100 ml Gemüsebrühe
einige Stängel glatte Petersilie
Salz
gem. Pfeffer
1 Prise Zucker

PRO PORTION:
E: 8 g, F: 9 g, Kh: 22 g, kcal: 205

1. Die Möhren putzen, schälen, abspülen, abtropfen lassen. In kleine Würfel schneiden.

2. Butter bei mittlerer Hitze in einem großen Topf zerlassen. Möhrenwürfel darin unter Rühren kurz andünsten. Die gefrorenen Erbsen hinzugeben und kurz mitdünsten. Die Gemüsebrühe hinzugießen und alles einmal aufkochen lassen.

3. Das Gemüse zugedeckt bei schwacher Hitze 8–10 Minuten garen.

4. Petersilie abspülen, abtropfen lassen und die Blättchen von den Stängeln zupfen. Die Blättchen fein schneiden.

5. Das Gemüse mit Salz, Pfeffer und Zucker abschmecken, mit Petersilie bestreut servieren.

REZEPTVARIANTE:
Für **glasierte Möhren** 1 kg Möhren putzen, schälen, abspülen, abtropfen lassen und klein schneiden. Die Möhren in 40 g zerlassener Butter kurz dünsten. 2 EL Zucker dazugeben und kurz karamellisieren lassen. 100 ml Gemüsebrühe hinzugießen und die Möhren zugedeckt 8–10 Minuten garen. Die Möhren mit Salz und Pfeffer abschmecken, mit Petersilie bestreut servieren.

Das Möhren-Erbsen-Gemüse passt als Beilage zu Fleisch- oder Geflügelgerichten oder als Teil einer gemischten Gemüseplatte.
Sieht ebenso hübsch aus: Die Möhren in Scheiben oder Stifte schneiden.
Möchten Sie frische Erbsen verwenden, dann benötigen Sie gut 1 kg ungepalte Erbsen (mit Hülsen). Die Erbsen aus den Hülsen palen und wie im Rezept beschrieben mitgaren.

Obatzda

VEGETARISCH

ZUBEREITUNGSZEIT:
30 Minuten
HALTBARKEIT:
im Kühlschrank etwa 3 Tage

ZUTATEN FÜR 4–6 PORTIONEN (ETWA 600 G)

4 Camemberts (je 125 g, 45 % Fett)
50 g Butter (zimmerwarm)
1 Zwiebel
1 EL ganze Kümmelsamen
Salz, gem. Pfeffer
etwas Paprikapulver edelsüß

PRO PORTION:
E: 27 g, F: 39 g, Kh: 2 g, kcal: 462

1. Die Camemberts in Stücke schneiden und in eine Schüssel geben. Die Butter hinzufügen. Mithilfe einer Gabel die Camembertstücke mit der Butter vermengen.

2. Zwiebel abziehen und in kleine Würfel schneiden. Die Zwiebelwürfel mit dem Kümmel unter die Käsemasse kneten. Die Käsemasse mit Salz, Pfeffer und Paprika abschmecken. Obatzter in ein verschließbares Gefäß füllen und in den Kühlschrank stellen.

REZEPTVARIANTE:
Für einen **Frühlingszwiebelaufstrich** 1 Bund Frühlingszwiebeln putzen, abspülen und abtropfen lassen. Frühlingszwiebeln fein hacken. 1 Bund Schnittlauch abspülen, mit Küchenpapier gut trocken tupfen und in feine Röllchen schneiden. 250 g Magerquark mit 200 g Doppelrahm-Frischkäse und 2 EL Crème fraîche in eine Schüssel geben und zu einer cremigen Masse verrühren. Gehackte Frühlingszwiebeln, Schnittlauchröllchen und 2 EL gehackte, gemischte Kräuter hinzufügen und unterrühren. Den Aufstrich mit Salz und Pfeffer würzen. Den Aufstrich in verschließbare, gründlich gereinigte Gläser füllen, mit Deckeln verschließen und in den Kühlschrank stellen.

Omas Küchentipps

Zum Servieren 1 Zwiebel abziehen, zuerst in Scheiben schneiden, dann in Ringe teilen. Zwiebelringe in Paprikapulver edelsüß wälzen. Obatzda mit den Zwiebelringen und mit einigen Petersilienblättchen garnieren.
Für eine cremigere Konsistenz den Obatzda mit etwas Frischkäse vermengen.
Dazu schmecken Laugenbrezeln.

Pellkartoffeln mit Kräuterquark

VEGETARISCH

ZUBEREITUNGSZEIT:
20 Minuten
GARZEIT:
20–25 Minuten

ZUTATEN FÜR 4 PORTIONEN
1 kg Kartoffeln
1 TL Salz

FÜR DEN KRÄUTERQUARK:
750 g Speisequark (20 % Fett)
etwa 100 ml Milch (3,5 % Fett)
1 Bund Schnittlauch
1 Bund Petersilie
Salz
gem. Pfeffer

PRO PORTION:
E: 29 g, F: 11 g, Kh: 46 g, kcal: 406

1. Kartoffeln gründlich waschen, knapp mit Wasser bedeckt zum Kochen bringen. Salz hinzugeben. Die Kartoffeln zugedeckt in 20–25 Minuten gar kochen und abgießen. Die Kartoffeln im offenen Topf unter häufigem Schütteln abdämpfen lassen.

2. Für den Kräuterquark Quark mit Milch verrühren. Schnittlauch und Petersilie abspülen, trocken tupfen, Schnittlauch fein schneiden, 1 EL davon zum Garnieren beiseitelegen. Petersilie fein hacken. Petersilie und Schnittlauch unter den Quark rühren. Quark mit Salz und Pfeffer abschmecken.

3. Kartoffeln zerschneiden, etwas aufdrücken und mit grob gemahlenem Salz und Pfeffer bestreuen. Den Kräuterquark mit beiseitegelegten Schnittlauchröllchen bestreut dazureichen. Oder die Kartoffeln pellen und zu dem Quark servieren.

REZEPTVARIANTE:
Für einen schnellen **Pellkartoffelsalat** 375 g gegarte Pellkartoffeln pellen, in Würfel schneiden und in eine große Schüssel geben. 2 abgetropfte Gewürzgurken (aus dem Glas) in dünne Scheiben schneiden und zu den Kartoffelwürfeln geben. 200 g fertigen Fleischsalat (aus dem Kühlregal) mit etwas Gurkenflüssigkeit verrühren und untermischen. Den Kartoffelsalat mit Salz, gemahlenem Pfeffer und 1 Prise Zucker abschmecken. 2 hart gekochte Eier pellen und in Achtel schneiden. Einige Eierachtel zum Garnieren beiseitelegen. Die restlichen Eierachtel vorsichtig unter den Salat heben. Den Salat zugedeckt im Kühlschrank etwas durchziehen lassen. Den Salat evtl. nochmals mit Salz, Pfeffer, Zucker und etwas Gurkenflüssigkeit abschmecken. Dann den Kartoffelsalat mit den beiseitegelegten Eierachteln garnieren und genießen.

Omas Küchentipps

Die Kartoffeln zusätzlich mit etwas zerlassener, gebräunter Butter servieren. Eier hart kochen, pellen, hacken und unter den Kräuterquark rühren. Oder Frühlingszwiebelröllchen unterrühren. Als weitere Kräuter eignen sich z. B. Kresse, Dill, Liebstöckel und Majoran.
Unter den Quark zusätzlich etwa 3 EL Leinöl rühren oder die gepellten Kartoffeln mit etwas Leinöl beträufeln. Die Kartoffel dann zusätzlich mit 1 TL Kümmelsamen kochen.

Pfannkuchen

VEGETARISCH

ZUBEREITUNGSZEIT:
etwa 10 Minuten, ohne Quellzeit
GARZEIT:
etwa 4 Minuten, je Pfannkuchen

ZUTATEN FÜR 3 PORTIONEN (6 STÜCK)

250 g Weizenmehl (Type 405)
4 Eier (Größe M)
375 ml Milch (3,5 %)
125 ml Mineralwasser mit Kohlensäure
1 Prise Salz
1 EL Zucker
60–80 g Butterschmalz oder 6–8 EL Rapsöl

PRO PORTION:
E: 21 g, F: 34 g, Kh: 72 g, kcal: 681

1. Das Mehl in eine Rührschüssel geben und mit einem Schneebesen durchrühren. In einer anderen Schüssel oder einem Messbecher Eier mit Milch, Mineralwasser, Salz und Zucker mit einem Schneebesen verschlagen.

2. Eiermilch zum Mehl geben und mit dem Schneebesen von innen nach außen verrühren. Dabei darauf achten, dass sich keine Klümpchen bilden. Den Teig 20–30 Minuten quellen lassen.

3. Etwas von dem Butterschmalz oder dem Speiseöl in einer großen beschichteten Pfanne bei mittlerer Hitze erhitzen. Eine Kelle Teig (etwa 125 ml) in die Pfanne geben. Die Pfanne leicht schwenken, damit sich der Teig gleichmäßig auf dem Pfannenboden verteilen kann.

4. Sobald die Pfannkuchenränder goldbraun sind, den Pfannkuchen mit einem Pfannenwender umdrehen und die andere Seite fertig backen. Dafür noch etwas Butterschmalz oder Speiseöl unter den Pfannkuchen geben.

5. Aus dem restlichen Teig auf die gleiche Weise weitere Pfannkuchen backen. Dabei den Teig vor jedem Backen durchrühren.

REZEPTVARIANTE:
Für **Apfelpfannkuchen** (im Foto rechts) zusätzlich 3–4 Äpfel schälen, vierteln, entkernen und in dünne Spalten schneiden. Etwas Butterschmalz oder Speiseöl in der Pfanne erhitzen. Den Teig wie im Rezept beschrieben einfüllen und sofort mit einem Sechstel der Apfelspalten belegen. Den Pfannkuchen backen, bis die Pfannkuchenränder goldgelb sind, dann wenden und weiterbacken. Die restlichen Apfelspalten und den restlichen Teig auf die gleiche Weise verarbeiten.

Die frischen Pfannkuchen mit Zucker bestreuen, mit frischem Obst oder Kompott belegen oder mit Konfitüre bestreichen.
Als süßes Hauptgericht etwa 2 Pfannkuchen pro Person einplanen, zum Dessert ist 1 Pfannkuchen pro Person ausreichend.

Reibekuchen (Kartoffelpuffer)

VEGETARISCH

ZUBEREITUNGSZEIT:
45 Minuten

ZUTATEN FÜR 4 PORTIONEN
1 kg festkochende Kartoffeln
1 Zwiebel
3 Eier (Größe M)
1 gestr. TL Salz
gem. Pfeffer
ger. Muskatnuss
40 g Weizenmehl
100 ml Speiseöl,
z. B. Sonnenblumenöl

PRO PORTION:
E: 11 g, F: 25 g, Kh: 38 g, kcal: 419

1. Kartoffeln schälen, abspülen und abtropfen lassen. Die Zwiebel abziehen. Kartoffeln und Zwiebel auf der Haushaltsreibe grob reiben. Aus der Masse evtl. etwas Flüssigkeit ausdrücken.

2. Die Kartoffel-Zwiebel-Masse mit Eiern, Salz, Pfeffer, Muskatnuss und Mehl verrühren.

3. Etwas von dem Speiseöl in einer beschichteten Pfanne erhitzen. Den Teig portionsweise mit einer Saucenkelle oder einem großen Löffel in die Pfanne geben. Den Teig mit einem Löffel flach drücken und bei mittlerer Hitze von beiden Seiten braten, bis der Rand knusprig braun ist. Die fertigen Kartoffelpuffer aus der Pfanne nehmen und auf Küchenpapier legen.

4. Überschüssiges Fett mit Küchenpapier abtupfen. Die Kartoffelpuffer sofort servieren oder warm stellen. Aus dem restlichen Kartoffelteig auf die gleiche Weise weitere Kartoffelpuffer braten.

REZEPTVARIANTEN:
Für **Kartoffelpuffer mit süßem Quark** 250 g Magerquark mit 125 ml Milch (3,5 % Fett) oder Schlagsahne und 40 g Zucker verrühren. 1 Päckchen Bourbon-Vanille-Zucker oder etwas geriebene Zitronenschale unterrühren. Quark zu den Kartoffelpuffern reichen.
Für **Kartoffelpuffer mit Räucherlachs** (s. Foto) 150 g Schmand (Sauerrahm) mit 2–3 TL Sahne-Meerrettich verrühren. 1 EL frischen gehackten Dill unterrühren und die Reibekuchen mit etwa 150 g Räucherlachsscheiben servieren.
Für **Tomaten-Mozzarella-Puffer** die fertig gebratenen Puffer auf ein Backblech (mit Backpapier belegt) legen, jeweils mit 1–2 Tomatenscheiben und 1 Scheibe Mozzarella belegen, mit Pfeffer bestreuen und backen, bis der Käse zerläuft (Ober-/Unterhitze: etwa 220 °C, Heißluft: etwa 200 °C). Mit Basilikumblättchen bestreut servieren.

Omas Küchentipps

Wenn die Hälfte des Mehls durch 2–3 EL Haferflocken ersetzt wird, werden die Reibekuchen noch knuspriger.
Für Nicht-Vegetarier die Reibekuchen mit etwas Crème fraîche und etwa 100 g feinen Schinkenstreifen servieren.
Sie können auch einfach Apfelmus oder -kompott als Beilage reichen.

Rote-Bete-Gemüse

VEGETARISCH

ZUBEREITUNGSZEIT:
20 Minuten
GARZEIT:
etwa 30 Minuten

ZUTATEN FÜR 4 PORTIONEN

750 g Rote-Bete-Knollen
etwa 250 g Gemüsezwiebeln
40 g Butter oder Margarine
Salz
gem. Pfeffer
250 ml Gemüsebrühe
150 g Crème fraîche
2 EL Schnittlauchröllchen

PRO PORTION:
E: 4 g, F: 20 g, Kh: 17 g, kcal: 266

1. Rote Bete unter fließendem kalten Wasser abbürsten, schälen (am besten mit Gummihandschuhen, da die Rote Bete stark färbt), abspülen, abtropfen lassen und in dünne Scheiben schneiden. Große Scheiben halbieren oder vierteln. Gemüsezwiebeln abziehen und in Scheiben schneiden.

2. Butter oder Margarine in einem Topf zerlassen. Die Rote-Bete- und Zwiebelscheiben darin unter Rühren kurz dünsten. Mit Salz und Pfeffer würzen. Gemüsebrühe hinzugießen. Das Gemüse zugedeckt etwa 15 Minuten bei schwacher Hitze garen, dabei gelegentlich umrühren.

3. Das Rote-Bete-Gemüse auf einer Platte oder in einer Schale anrichten. Crème fraîche auf das Gemüse geben und mit Schnittlauchröllchen bestreut servieren.

REZEPTVARIANTE:
Für **Rote Bete aus dem Backofen** den Backofen vorheizen: Ober-/Unterhitze: etwa 200 °C, Heißluft: etwa 180 °C. Von 8 Rote-Bete-Knollen (etwa 1,2 kg) Wurzeln und Blätter abschneiden. Die Knollen unter fließendem kalten Wasser gründlich abbürsten, dann einzeln in Backpapier (gefettet) und Alufolie wickeln. Rote Bete auf ein Backblech legen und in den Backofen schieben. Die Rote Bete etwa 90 Minuten backen. Rote Bete mit Kräuter- oder Meerrettichquark servieren.

Omas Küchentipps

Das Rote-Bete-Gemüse schmeckt gut zu deftigem Schweinebraten und Steaks. Sie können auch vakuumierte geschälte Rote Bete oder Rote Bete aus dem Glas verwenden. Die Garzeit beträgt dann insgesamt nur etwa 15 Minuten.

ZUBEREITUNGSZEIT:
25 Minuten
GARZEIT:
45–60 Minuten

ZUTATEN FÜR 4 PORTIONEN

1 kg Rotkohl
375 g saure Äpfel, z. B. Cox Orange oder Boskop
2 Zwiebeln
5 EL Rapsöl oder 50 g Gänseschmalz
1 Lorbeerblatt
3 Gewürznelken
3 Wacholderbeeren
5 Pimentkörner
Salz
gem. Pfeffer
Zucker
2 Stangen Zimt
2 EL Rotweinessig
3 EL Johannisbeergelee
125 ml Wasser

PRO PORTION

E: 4 g, F: 13 g, Kh: 32 g, kcal: 268

1. Von dem Rotkohl die äußeren welken Blätter entfernen. Kohl vierteln, abspülen, abtropfen lassen und den Strunk herausschneiden. Den Kohl sehr fein schneiden oder hobeln. Äpfel schälen, vierteln, entkernen, Äpfel klein schneiden. Zwiebeln abziehen und würfeln.

2. Speiseöl oder Schmalz in einem Topf erhitzen. Die Zwiebelwürfel darin unter Rühren kurz dünsten. Rotkohlstreifen und Apfelstücke hinzugeben und mitdünsten.

3. Lorbeerblatt, Gewürznelken, Wacholderbeeren, Pimentkörner, Salz, Pfeffer, Zucker, Zimt, Essig, Johannisbeergelee und Wasser hinzufügen. Den Rotkohl zugedeckt 45–60 Minuten bei schwacher Hitze garen, dabei gelegentlich umrühren. Rotkohl mit Salz, Pfeffer und Zucker abschmecken.

Omas Küchentipps

Es ist empfehlenswert, Rotkohl in größeren Mengen zuzubereiten und ihn dann portionsweise einzufrieren. Der Rotkohl sollte dann nicht zu gar sein.
Sie können die Gewürze auch in einen Kaffeefilter geben, diesen mit einem Band verschließen, dann kann man die Gewürze ganz einfach aus dem Gemüse entfernen.
Sie können den Rotkohl statt mit Wasser mit der gleichen Menge Weiß- oder Rotwein dünsten oder anstelle von Johannisbeergelee 2 EL Preiselbeerkompott oder Kirschgrütze unterrühren.

Spargel mit Saucen-Quartett

MIT ALKOHOL

ZUBEREITUNGSZEIT:
60 Minuten
GARZEIT:
Spargel: etwa 15 Minuten

ZUTATEN FÜR 4–6 PORTIONEN
2 kg weißer Spargel, 1 l Wasser
je 1 gestr. TL Salz und Zucker
40 g Butter

FÜR DIE BUTTERSAUCE:
150 g Butter

FÜR DIE KRATZETE:
150 g Weizenmehl
375 ml Milch (3,5 % Fett)
Salz, 4 Eier (Größe M), 65 g Butter

FÜR DIE SAUCE HOLLANDAISE:
200 g Butter, 2 Eigelb (Größe M)
2 EL Weißwein, Zitronensaft
Cayennepfeffer

FÜR DIE SAUCE BÉARNAISE:
100 g Butter, 1 kleine Schalotte
4 EL fein geschnittene Kräuter, z. B. Estragon, Petersilie
2 TL Estragonessig, 2 EL Weißwein
2 Eigelb (Größe M)
etwa 10 zerdrückte, schwarze Pfefferkörner
1 Prise Zucker, Zitronensaft

FÜR DIE SAUCE MALTAISE:
150 g Butter, 2 Eigelb (Größe M)
2 EL frisch gepresster Orangensaft
1 EL Zitronensaft

1. Spargel von oben nach unten schälen. Dabei darauf achten, dass die Schalen vollständig entfernt, die Köpfe aber nicht verletzt werden. Die unteren Enden abschneiden. Die Stangen möglichst gleich lang schneiden (holzige Stellen vollkommen entfernen). Spargel abspülen, abtropfen lassen und portionsweise mit Küchengarn bündeln. Wasser in einem Topf zum Kochen bringen. Salz, Zucker und Butter hinzugeben. Die Spargelstangen hineingeben, wieder zum Kochen bringen und in etwa 15 Minuten gar kochen.

2. Den gegarten Spargel mit einem Schaumlöffel vorsichtig aus dem Kochsud nehmen, abtropfen lassen und auf eine Platte legen. Küchengarn entfernen. Den Spargel warm halten.

3. Für die **Buttersauce** die Butter zerlassen, aber nicht bräunen lassen.

4. Für die **Kratzete** Mehl in eine Rührschüssel geben und in die Mitte eine Vertiefung eindrücken. Milch mit Salz und Eiern in die Vertiefung geben und mit dem Mixer (Rührstäbe) zu einem glatten, recht dünnen Teig verrühren. Jeweils etwas Butter in einer Pfanne zerlassen. So viel Teig in die Pfanne geben, dass der Boden gerade bedeckt ist. Den Teig auf einer Seite goldgelb backen, wenden und mit Gabel und EL in kleine Streifen zerreißen. Den „zerkratzten" Teig schwenken und ganz knusprig backen, herausnehmen und warm stellen. Aus dem restlichen Teig weitere 3 Portionen backen und ebenfalls warm stellen.

5. Für die **Sauce hollandaise** Butter zerlassen und etwas abkühlen lassen. Eigelb mit Wein im Wasserbad so lange schlagen, bis die Masse dicklich ist. Die Schüssel aus dem Wasserbad nehmen, die etwas abgekühlte Butter langsam unterschlagen. Die Sauce mit Zitronensaft, Salz und Cayennepfeffer abschmecken.

6. Für die **Sauce béarnaise** Butter zerlassen und etwas abkühlen lassen. Schalotte abziehen und würfeln. Schalottenwürfel, 3 EL Kräuter, Essig und Wein zum Kochen bringen und etwa 5 Minuten kochen lassen. Die Masse durch ein Sieb streichen. Den Sud mit Eigelb im Wasserbad so lange schlagen, bis die Masse dicklich ist. Die Hitze reduzieren, die abgekühlte Butter langsam unterschlagen. Sauce mit Salz, Pfefferkörnern, Zucker und Zitronensaft abschmecken. Restliche Kräuter unterrühren.

7. Für die **Sauce maltaise** Butter zerlassen und abkühlen lassen. Eigelb mit Orangen- und Zitro-

nensaft im Wasserbad so lange schlagen, bis die Masse dicklich ist, aus dem Wasserbad nehmen. Butter langsam nach und nach unterschlagen, mit Salz und Cayennepfeffer abschmecken, Orangenschale unterziehen.

8. Spargel mit Kratzete, Kochschinken, rohem Schinken und den Saucen anrichten, servieren.

abger. oder in Julienne geschnittene Schale von ¼ Bio-Orange (unbehandelt, ungewachst)

ZUSÄTZLICH:
Küchengarn
200 g Kochschinken
200 g roher Schinken

PRO PORTION:
E: 49 g, F: 187 g, Kh: 46 g, kcal: 2154

Strammer Max

ZUBEREITUNGSZEIT:
15 Minuten

ZUTATEN FÜR 1 PORTION

20 g Butter
1 Scheibe Brot, z. B. Mischbrot oder Vollkornbrot
1 Ei (Größe M)
Salz
etwa 40 g gewürfelter oder dünn geschnittener, roher Schinken
1 Gewürzgurke

PRO PORTION:
E: 18 g, F: 24 g, Kh: 22 g, kcal: 382

1. Die Hälfte der Butter in einer Pfanne zerlassen und die Brotscheibe darin von beiden Seiten anrösten. Die Brotscheibe aus der Pfanne nehmen und auf einen Teller legen.

2. Die restliche Butter in der Pfanne zerlassen und das Ei als Spiegelei darin braten, mit etwas Salz würzen.

3. Den Schinken auf der Brotscheibe verteilen und das Spiegelei daraufsetzen.

4. Strammen Max mit der Gurke anrichten.

Omas Küchentipps

Varianten zum Strammen Max gibt es viele. So können Sie den rohen Schinken durch eine dicke Scheibe Kochschinken oder angebratenen Leberkäse austauschen. Zusätzlich können Sie darauf noch 1 Käsescheibe oder Tomatenscheiben legen.
Mit Schnittlauchröllchen und Radieschenscheiben garniert servieren.

Wirsing in Rahmsauce

VEGETARISCH

ZUBEREITUNGSZEIT:
10–15 Minuten
GARZEIT:
15–20 Minuten

ZUTATEN FÜR 4 PORTIONEN

1 kg Wirsing, 1 EL Butter
Salz, gem. Pfeffer
125 ml Gemüsebrühe
75 g Schlagsahne oder 2 EL Crème fraîche
1 EL Schnittlauchröllchen

PRO PORTION:
E: 6 g, F: 10 g, Kh: 5 g, kcal: 134

1. Die groben äußeren Blätter des Wirsings entfernen. Wirsing vierteln und den Strunk herausschneiden. Kohlviertel in Streifen schneiden, waschen und abtropfen lassen.

2. Butter in einem Topf zerlassen, Wirsingstreifen darin andünsten, mit Salz und Pfeffer bestreuen. Brühe hinzugießen und zum Kochen bringen. Den Wirsing 15–20 Minuten garen. Sahne oder Crème fraîche unterrühren und kurz miterwärmen.

3. Den Rahmwirsing nochmals mit Salz und Pfeffer abschmecken. Mit Schnittlauchröllchen bestreut servieren.

Omas Küchentipps

Sie können zusätzlich etwas Sahne-Meerrettich unterrühren oder frisch geriebenen Meerrettich über den Wirsing geben.

Hauptgerichte

Wenn der große Hunger kommt, ist Oma die Rettung. Bei kaum jemandem sonst gibt es so reichhaltige und schmackhafte Portionen, von denen man gern auch noch einen Nachschlag nimmt. Sauerbraten, Kohlrouladen, Käsespätzle und Co. sind unvergleichlich lecker und sorgen dafür, dass wirklich jeder Esser satt und zufrieden vom Tisch aufsteht.

Backfisch auf Rahmgurken

ZUBEREITUNGSZEIT:
20 Minuten
GARZEIT:
etwa 15 Minuten

ZUTATEN FÜR 4 PORTIONEN

1 ½ Salatgurken
150 g Crème fraîche
1 TL milder Senf
2 EL klein geschnittener Dill oder 25 g TK-Dill
Salz
gem. Pfeffer
80 g Weizenmehl (Type 1050)
20 g gesiebte Speisestärke
1 Ei (Größe M)
125 ml Milch (3,5 % Fett)
1 EL Sonnenblumenöl
500–600 g festes Fischfilet, z. B. Seelachs, Tilapia, Lachsforelle (frisch oder TK)
etwa 750 ml Speiseöl

PRO PORTION:

E: 29 g, F: 30 g, Kh: 18 g, kcal: 459

1. Gurken abspülen, abtropfen lassen, eventuell halbieren, Kerne mit einem Löffel herausschaben (Gurken nach Belieben schälen). Gurken in feine Scheiben schneiden oder hobeln.

2. Crème fraîche mit Senf und Dill verrühren. Mit Salz und Pfeffer würzen. Die Gurkenscheiben untermischen. Rahmgurken kurz durchziehen lassen.

3. Das Mehl mit Speisestärke und 1 TL Salz in einer Rührschüssel vermischen. Ei, Milch und Sonnenblumenöl verschlagen, zu der Mehlmischung geben, mit einem Mixer (Rührstäbe) gut unterrühren. Den Teig kurz quellen lassen.

4. Fischfilets (TK-Fischfilet vorher auftauen lassen) mit Küchenpapier abtupfen, in Streifen schneiden, eventuell vorhandene Gräten entfernen.

5. Speiseöl in einer Fritteuse oder einer tiefen Pfanne auf etwa 160 °C erhitzen.

6. Teig nochmals umrühren. Falls der Teig zu fest geworden ist, etwas Wasser unterrühren. Die Fischstreifen portionsweise mit einer Gabel durch den Teig ziehen, am Schüsselrand abstreifen und in dem heißen Fett unter mehrmaligem Wenden knusprig ausbacken.

7. Die Fischstreifen mit einer Schaumkelle herausnehmen, auf Küchenpapier legen und abtropfen lassen. Den Backfisch mit den Rahmgurken anrichten.

Omas Küchentipps

Dazu schmecken Kartoffelpüree oder Salzkartoffeln. Achten Sie darauf, ein hitzestabiles Öl zum Ausbacken zu verwenden. Sie können zum Ausbacken auch Butterschmalz nehmen, das spritzt etwas weniger.
Mischen Sie ein paar Löffel von der Gurkensalat-Sauce mit gegarten Kartoffeln und etwas Butter auf dem Teller und zermusen Sie diese Mischung. Das lieben dann auch die Kleinsten.

Bauernfrühstück

ZUBEREITUNGSZEIT:
35 Minuten, ohne Abkühlzeit
GARZEIT
Kartoffeln: etwa 20 Minuten

ZUTATEN FÜR 4 PORTIONEN

750 g festkochende Kartoffeln
4 Zwiebeln
75 g durchwachsener Speck
30 g Margarine oder 3 EL Speiseöl
3 Eier (Größe M)
3 EL Milch (3,5 % Fett)
Salz
gem. Pfeffer
Paprikapulver edelsüß
ger. Muskatnuss
125 g Schinkenspeck
2 EL Schnittlauchröllchen

PRO PORTION

E: 18 g, F: 19 g, Kh: 30 g, kcal: 367

1. Die Kartoffeln unter fließendem Wasser abbürsten, knapp mit Wasser bedeckt, zugedeckt zum Kochen bringen und in etwa 20 Minuten gar kochen. Kartoffeln abgießen, mit kaltem Wasser abschrecken, abtropfen lassen. Kartoffeln noch warm pellen und in Scheiben schneiden.

2. Zwiebeln abziehen und in kleine Würfel schneiden. Speck ebenfalls klein würfeln. Speckwürfel in einer Pfanne auslassen. Margarine oder Speiseöl hinzugeben und erhitzen. Zwiebelwürfel darin glasig dünsten. Kartoffelscheiben hinzufügen und unter Wenden braun anbraten.

3. Die Eier mit der Milch verschlagen, mit Salz, Pfeffer, Paprika und Muskat würzen. Schinkenspeck in Würfel schneiden, mit den Schnittlauchröllchen unter die Eiermilch rühren und auf den gebräunten Kartoffeln verteilen. Die Eiermasse bei schwacher bis mittlerer Hitze etwa 5 Minuten stocken lassen, dabei die Kartoffeln noch 3–4-mal wenden.

4. Das Bauernfrühstück anrichten und sofort servieren.

REZEPTVARIANTE

Für **Bratkartoffeln aus dem Backofen** den Backofen vorheizen: Ober-/Unterhitze: etwa 220 °C, Heißluft: etwa 200 °C. 1 kg Kartoffeln schälen, abspülen, trocken tupfen, in 3 mm dünne Scheiben schneiden, nochmals trocken tupfen. 2 Zwiebeln abziehen und klein würfeln. Kartoffelscheiben und Zwiebelwürfel mit 5–7 EL Speiseöl vermengen. Mit Salz und Pfeffer würzen. Kartoffeln auf einem Backblech (mit Backpapier belegt) verteilen, in den vorgeheizten Backofen schieben. Die Bratkartoffeln etwa 25 Minuten garen. Kartoffeln nach der Hälfte der Garzeit wenden. Die Kartoffelscheiben sollen goldgelb und knusprig sein.

Bratfisch mit Kartoffelpüree

ZUBEREITUNGSZEIT:
30 Minuten
GARZEIT:
etwa 30 Minuten

ZUTATEN FÜR 4 PORTIONEN

1 kg mehligkochende Kartoffeln
Salz
600 g Seelachsfilet
1 Bio-Zitrone (unbehandelt, ungewachst)
gem. Pfeffer
50 g Weizen-Vollkornmehl
2 EL Olivenöl
150 ml heiße Milch (1,5 % Fett)
ger. Muskatnuss
½ rote Paprikaschote
1 Bund Schnittlauch

PRO PORTION:
E: 31 g, F: 9 g, Kh: 39 g, kcal: 358

1. Kartoffeln schälen, abspülen und halbieren. Kartoffeln in einen Topf geben, knapp mit Wasser bedeckt, zugedeckt zum Kochen bringen. 1 gestr. TL Salz hinzugeben. Die Kartoffeln in 15–20 Minuten gar kochen.

2. In der Zwischenzeit Fisch mit Küchenpapier abtupfen.

3. Zitrone heiß abwaschen, abtrocknen und halbieren. Eine Hälfte in dünne Scheiben schneiden und zum Garnieren beiseitelegen. Die andere Hälfte auspressen.

4. Fischfilets mit Zitronensaft beträufeln, salzen und pfeffern. Mehl in einen tiefen Teller geben und die Fischfilets darin wenden.

5. Öl in einer großen Pfanne erhitzen. Fischfilets hineingeben und von jeder Seite, je nach Dicke, 3–5 Minuten braten.

6. In der Zwischenzeit die Kartoffeln abgießen. Kartoffeln mit dem Stampfer zerdrücken. Milch nach und nach hinzugeben, dabei mit einem Schneebesen gut umrühren, bis das Püree die gewünschte Konsistenz hat. Püree mit Muskatnuss würzen.

7. Paprika und Schnittlauch abspülen und trocken tupfen. Paprika entstielen, die weißen Scheidewände entfernen. Paprikahälfte in kleine Würfel und Schnittlauch in Röllchen schneiden. Das Kartoffelpüree damit bestreuen.

8. Fisch aus der Pfanne nehmen und sofort dazu servieren. Mit den beiseitegelegten Zitronenscheiben garnieren.

Omas Küchentipps

Statt Seelachsfilet kann auch Kabeljau verwendet werden. Servieren Sie anstelle des Kartoffelpürees Kartoffelsalat (s. S. 18).

Brathähnchen

ZUBEREITUNGSZEIT:
20 Minuten
GARZEIT:
etwa 60 Minuten

ZUTATEN FÜR 4 PORTIONEN

1 küchenfertiges Hähnchen (etwa 900–1000 g)
Salz
gem. Pfeffer
Paprikapulver edelsüß
1 Zwiebel
2 Möhren
2 Tomaten
1 Lorbeerblatt
125 ml Hühnerbrühe

PRO PORTION:

E: 39 g, F: 18 g, Kh: 4 g, kcal: 336

1. Den Backofen vorheizen.
Ober-/Unterhitze: etwa 180 °C
Heißluft: etwa 160 °C

2. Hähnchen innen und außen mit Küchenpapier abtupfen, mit Salz, Pfeffer und Paprika einreiben.

3. Zwiebel abziehen und würfeln. Möhren putzen, schälen, abspülen, abtropfen lassen und in Scheiben schneiden. Die Tomaten kreuzweise einschneiden und mit kochendem Wasser übergießen. Nach 1–2 Minuten herausnehmen und mit kaltem Wasser abschrecken. Tomaten häuten, halbieren und die Stängelansätze herausschneiden. Tomaten vierteln.

4. Vorbereitetes Gemüse, Lorbeerblatt, Hühnerbrühe und Hähnchen in einen Bräter geben. Den Bräter auf dem Rost im unteren Drittel in den vorgeheizten Backofen schieben. Das Hähnchen **etwa 60 Minuten braten.**

5. Das Hähnchen aus dem Bräter nehmen und warm stellen.

6. In der Zwischenzeit den Bratensud evtl. mit etwas Hühnerbrühe verlängern, zum Kochen bringen. Das Lorbeerblatt entfernen.

7. Die Sauce pürieren oder durch ein Sieb passieren, mit Salz, Pfeffer und Paprikapulver abschmecken. Das Hähnchen mit einer Geflügelschere in Stücke teilen und mit der Sauce servieren.

Omas Küchentipps

Servieren sie das Brathähnchen mit Naturreis und einem Kopfsalat mit Joghurtdressing (s. S. 20).
Wem das Hähnchen nicht genug gebräunt ist, legt es in eine hitzebeständige Form. Den Backofengrill auf etwa 240 °C vorheizen. Die auf dem Rost in den vorgeheizten Backofen (unteres Drittel) schieben. Das Hähnchen 5–10 Minuten knusprig grillen. Dabei das Hähnchen einmal wenden.

DDR-Jägerschnitzel

ZUBEREITUNGSZEIT:
65 Minuten
GARZEIT:
etwa 20 Minuten

ZUTATEN FÜR 4–6 PORTIONEN

FÜR DIE TOMATENSAUCE:

1 Zwiebel
1 EL Butter
1 TL Weizenmehl (Type 405)
100 ml Wasser
2 EL Tomatenmark
200 g Ketchup
Salz
gem. Pfeffer
½ TL Zucker

FÜR DIE NUDELN:

4 l Wasser
4 gestr. TL Salz
400 g Spirelli-Nudeln

FÜR DIE JÄGERSCHNITZEL:

500 g Jagdwurst, im Stück
40 g Weizenmehl (Type 405)
2 Eier (Größe M)
etwa 50 g Semmelbrösel
50 g Margarine
oder 4–5 EL Speiseöl

PRO PORTION:

E: 39 g, F: 38 g, Kh: 102 g, kcal: 918

1. Zwiebel abziehen und klein würfeln. Butter in einer großen Pfanne zerlassen. Die Zwiebelwürfel darin glasig dünsten. Die Zwiebeln mit Mehl bestäuben, gut durchrühren und unter Rühren so lange erhitzen, bis die Masse hellgelb ist. Wasser, Tomatenmark und Ketchup hinzugießen und gut umrühren. Die Sauce zum Kochen bringen und bei schwacher Hitze etwa 10 Minuten leicht kochen lassen, dabei gelegentlich umrühren. Mit Pfeffer und Salz abschmecken.

2. Wasser in einem großen Topf zugedeckt zum Kochen bringen. Salz und Nudeln hinzugeben. Die Nudeln nach Packungsanleitung ohne Deckel bei mittlerer Hitze bissfest gar kochen, dabei gelegentlich umrühren.

3. Anschließend die Nudeln in ein Sieb geben, abtropfen lassen und warm halten.

4. Inzwischen für die Jägerschnitzel die Pelle von der Wurst abziehen und die Wurst in 1–1 ½ cm dicke Scheiben schneiden.

5. Das Mehl auf einen flachen Teller geben. Die Eier in einem tiefen Teller mit einer Gabel verschlagen. Die Semmelbrösel ebenfalls auf einen flachen Teller geben.

6. Die Wurtscheiben zunächst in Weizenmehl, dann in dem verschlagenen Ei und zuletzt in Semmelbröseln wenden. Die Semmelbrösel gut andrücken, nicht anhaftende Semmelbrösel leicht abschütteln.

7. Margarine oder Speiseöl in einer großen Pfanne erhitzen. Die panierten Wurstscheiben darin bei mittlerer Hitze von jeder Seite goldbraun braten. Dann die Jägerschnitzel aus der Pfanne nehmen und zusammen mit den Spirelli und der Tomatensauce servieren.

Omas Küchentipps

Anstelle der Tomatensauce können die Nudeln auch mit einer Butter-Käse-Sauce vermengt werden. Hierfür 30 g Butter in dem verbliebenen Bratfett der Jägerschnitzel zerlassen. Nudeln mit der zerlassenen Butter vermischen, mit Käse bestreuen und mit den Jägerschnitzeln servieren.

Eier mit Senfsauce

VEGETARISCH

ZUBEREITUNGSZEIT:
20 Minuten
GARZEIT:
etwa 20 Minuten

ZUTATEN FÜR 4 PORTIONEN
8 Eier (Größe M)

FÜR DIE SENFSAUCE:
30 g Butter oder Margarine
20 g Weizenmehl (Type 405)
375 ml Gemüsebrühe
1 EL mittelscharfer Senf
1 EL körniger Senf
Salz
gem. Pfeffer
2 EL Crème fraîche
2 EL Schittlauchröllchen

PRO PORTION:
E: 16 g, F: 23 g, Kh: 6 g, kcal: 291

1. Eier am dicken runden Ende mit einer Nadel oder einem Eierpick anstechen. Wasser in einem kleinen Topf zum Kochen bringen.

2. Eier auf einen Löffel oder eine Schaumkelle legen und vorsichtig in das kochende Wasser gleiten lassen (die Eier sollten mit Wasser bedeckt sein). Das Wasser wieder zum Kochen bringen. Die Eier im offenen Topf bei mittlerer Hitze etwa 10 Minuten kochen. Die fertigen Eier mit dem Löffel oder der Schaumkelle herausnehmen und unter kaltem Wasser abschrecken.

3. Für die Sauce Butter oder Margarine in einem Topf zerlassen. Mehl unter Rühren so lange darin erhitzen, bis es hellgelb ist.

4. Brühe unter Rühren nach und nach hinzugießen, mit einem Schneebesen durchschlagen und darauf achten, dass keine Klümpchen entstehen. Die Sauce aufkochen lassen und etwa 10 Minuten kochen, gelegentlich umrühren.

5. Beide Senfsorten unterrühren. Die Sauce mit Salz und Pfeffer abschmecken. Zum Schluss Crème fraîche und Schnittlauch unterrühren.

6. Eier pellen, nach Belieben halbieren und kurz vor dem Servieren in die Sauce geben.

Omas Küchentipps

Zu den Eiern in Senfsauce schmecken Petersilienkartoffeln sehr gut.
Diese Sauce schmeckt auch zu gedünstetem oder gebratenem Fisch und kurz gebratenem Fleisch, z. B. gebratener Hähnchenbrust oder gegartem Gemüse.

Eisbein mit Sauerkraut

ZUBEREITUNGSZEIT:
20 Minuten
GARZEIT:
1 ½–2 Stunden

ZUTATEN FÜR 4 PORTIONEN

1 ½ kg gepökeltes Eisbein (4 Stück, evtl. beim Metzger vorbestellen)
etwa 1 ¼ l Wasser

FÜR DAS SAUERKRAUT:

750 g frisches Sauerkraut
1 Zwiebel
1 Lorbeerblatt
3 Gewürznelken
5 Wacholderbeeren
250 ml Fleischbrühe
1 mehligkochende Kartoffel
Salz
gem. Pfeffer
etwas Zucker

PRO PORTION:
E: 46 g, F: 25 g, Kh: 36 g, kcal: 570

1. Eisbeine mit Küchenpapier abtupfen. Wasser mit den Eisbeinen in einen großen Topf geben, zum Kochen bringen und anschließend zugedeckt 1 ½–2 Stunden bei schwacher bis mittlerer Hitze kochen lassen.

2. In der Zwischenzeit für das Sauerkraut das Sauerkraut locker zupfen. Zwiebel abziehen. Sauerkraut, Zwiebel, Lorbeerblatt, Gewürznelken und Wacholderbeeren mit der Brühe in einen Topf geben und zum Kochen bringen. Das Sauerkraut zugedeckt etwa 30 Minuten garen. Nach Bedarf noch etwas Brühe von den Eisbeinen hinzugeben.

3. Kartoffel schälen, abspülen, abtropfen lassen, auf einer Haushaltsreibe fein reiben, zum Sauerkraut geben und unterrühren.

4. Sauerkraut nochmals kurz aufkochen, sodass es sämig wird. Das Sauerkraut mit Salz, Pfeffer und Zucker würzen.

5. Die Eisbeine aus dem Topf nehmen, von den Knochen lösen und in Scheiben schneiden. Eisbein mit dem Sauerkraut anrichten und servieren.

REZEPTVARIANTE

Für **Eisbein Berliner Art** servieren Sie Erbspüree dazu. Dafür 375 g getrocknete, ungeschälte Erbsen in reichlich kaltem Wasser über Nacht einweichen. Vor der Zubereitung Wasser wieder abgießen und die Erbsen abtropfen lassen. 750 ml Gemüsebrühe zum Kochen bringen und abgetropfte Erbsen darin etwa 1 Stunde kochen. In der Zwischenzeit 1 Bund Suppengrün putzen, abspülen, abtropfen lassen und klein schneiden. Suppengrün zu den Erbsen in den Topf geben und weitere 30–45 Minuten kochen, bis die Erbsen weich sind. 1 Zwiebel abziehen und in Scheiben schneiden. 20 g Butter in einer Pfanne zerlassen oder 50 g Speckwürfel in einer Pfanne ausbraten. Die Zwiebelscheiben darin anbraten. Die weich gekochten Erbsen durch ein Sieb streichen. Das Erbspüree in einem Topf unter Rühren erwärmen, mit Salz und Pfeffer abschmecken. Das Püree mit den angebratenen Zwiebelscheiben servieren.

Dazu schmecken Kartoffelpüree oder Salzkartoffeln.

Frankfurter Grüne Sauce

VEGETARISCH

ZUBEREITUNGSZEIT:
20 Minuten
GARZEIT:
Kartoffeln: etwa 20 Minuten

ZUTATEN FÜR 4 PORTIONEN

FÜR DIE FRANKFURTER GRÜNE SAUCE:

etwa 150 g frische Kräuter für Frankfurter Grüne Sauce
150 g Crème fraîche oder saure Sahne
1 kleine Zwiebel
150 g Joghurt (3,5 % Fett)
1–2 EL Olivenöl
1 TL mittelscharfer Senf
1 Spritzer Zitronensaft
½ TL Zucker
Salz
gem. Pfeffer

FÜR DIE SALZKARTOFFELN:

750 g Kartoffeln (festkochend oder vorwiegend festkochend)
1 gestr. TL Salz

4 hartgekochte Eier

PRO PORTION:

E: 14 g, F: 19 g, Kh: 34 g, kcal: 381

1. Die Kräuter abspülen, trocken tupfen und die Blättchen von den Stängeln zupfen. Blättchen grob zerschneiden und mit 2 EL Crème fraîche oder saurer Sahne in einer Rührschüssel pürieren oder die Kräuter sehr klein schneiden und mit Crème fraîche oder saurer Sahne verrühren. Die Zwiebel abziehen und fein würfeln.

2. Restliche Crème fraîche oder saure Sahne, Joghurt, Zwiebelwürfel, Olivenöl und Senf mit der Kräuter-Crème-fraîche-Masse verrühren. Die Sauce mit Zitronensaft, Zucker, Salz und Pfeffer würzen und bis zum Servieren zugedeckt in den Kühlschrank stellen.

3. Die Kartoffeln schälen und abspülen. Größere Kartoffeln ein- oder zweimal durchschneiden. Die Kartoffeln in den Topf geben, knapp mit Wasser bedeckt zum Kochen bringen, Salz hinzufügen. Die Kartoffeln zugedeckt etwa 20 Minuten garen.

4. Die Kartoffeln abgießen. Die Eier halbieren. Kartoffeln und Eier mit der Grünen Sauce servieren.

Omas Küchentipps

In die „echte“ Frankfurter Grüne Sauce gehören 7 frische Kräuter. Je nach Jahreszeit kann die Zusammenstellung variiert werden. Es gibt abgepackte Kräutermischungen für die Sauce zu kaufen (etwa 150 g).
Sie können auch 1 Bund gemischte Kräuter, z. B. Petersilie, Schnittlauch, Kerbel, Pimpinelle, Borretsch, Zitronenmelisse und Kresse oder Sauerampfer verwenden.
Kräuter sollten gesund und kraftvoll aussehen, feste Stiele und Blätter haben, die weder unnatürlich hell noch fest und ledrig sind. Die Pflanzen sollten angenehm riechen und nicht muffig oder säuerlich. Kräuter, die welk sind oder gelbe und dunkle Flecken haben, sind meist nicht mehr frisch. Ihnen fehlt es an Geschmack, Duft und Inhaltsstoffen.
Die frischen Kräuter können Sie auch durch TK-Kräuter ersetzen.

Frikadellen

ZUBEREITUNGSZEIT:
65 Minuten
GARZEIT:
etwa 20 Minuten

ZUTATEN FÜR 4 PORTIONEN

1 Brötchen (vom Vortag)
2 Zwiebeln
600 g Hackfleisch (halb Rind-, halb Schweinefleisch)
1 Ei (Größe M)
Salz
gem. Pfeffer
1 TL Paprikapulver edelsüß
2–3 EL Speiseöl, z. B. Olivenöl, oder etwa 20 g Margarine

PRO PORTION:
E: 32 g, F: 31 g, Kh: 8 g, kcal: 439

1. Das Brötchen in kaltem Wasser einweichen. Die Zwiebeln abziehen und in kleine Würfel schneiden.

2. Hackfleisch in eine Schüssel geben. Brötchen gut ausdrücken und mit den Zwiebelwürfeln und dem Ei zum Hackfleisch geben. Das Ganze per Hand oder mit einem Mixer (Knethaken) gut miteinander vermengen. Die Masse mit Salz, Pfeffer und Paprika würzen.

3. Aus der Hackfleischmasse mit angefeuchteten Händen 8 gleich große Frikadellen formen.

4. Speiseöl oder Margarine in einer beschichteten Pfanne erhitzen. Die Frikadellen darin von jeder Seite etwa 7–8 Minuten bei mittlerer Hitze braten, dann herausnehmen.

REZEPTVARIANTE:
Für **Hamburger** die Frikadellen aus Rinderhackfleisch (ohne eingeweichte Brötchen) zubereiten, etwas flacher drücken und von jeder Seite etwa 5 Minuten braten. 8 Hamburger-Brötchen waagerecht durchschneiden. Auf die untere Brötchenhälfte jeweils 1 gewaschenes, trocken getupftes Salatblatt legen und je 1 Frikadelle darauflegen. 2 abgespülte, trocken getupfte Tomaten und 2 Gewürzgurken in Scheiben schneiden, mit Senf und Ketchup auf den Frikadellen verteilen. Die oberen Brötchenhälften jeweils darauflegen und servieren.

Servieren Sie dazu Kartoffelpüree (s. S. 104) und Möhren oder Möhren-Erbsen-Gemüse (s. S. 80).
Die Zwiebeln schmecken milder und sind nicht so hart, wenn sie vor der Zugabe in etwas Fett angedünstet werden.
Geben Sie 1–2 EL fein geschnittene Petersilie (frisch oder TK-Ware) mit in den Frikadellenteig.
Für kleine Frikadellen aus der Hackfleischmasse 12 Stück formen.
Statt des Brötchens können Sie 3 EL Semmelbrösel zum Hackfleisch geben.

Gefüllte Paprikaschoten

ZUBEREITUNGSZEIT:
30 Minuten
GARZEIT:
etwa 45 Minuten

ZUTATEN FÜR 4 PORTIONEN

ZUM VORBEREITEN:
4 rote Paprikaschoten (etwa 800 g)

FÜR DIE FÜLLUNG:
125 ml Wasser
Salz
50 g Langkornreis (parboiled)
1 kleine Zwiebel
375 g Hackfleisch (halb Rind-, halb Schweinefleisch)
1 Ei (Größe M)
gem. Pfeffer

FÜR DIE SAUCE:
2 kleine Gemüsezwiebeln (je 125 g)
1 Knoblauchzehe
1 Thymianstängel
3 EL Olivenöl
1 Dose geschälte Tomaten (400 g)
100 ml Gemüsebrühe
Zucker
Zitronensaft

PRO PORTION:
E: 25 g, F: 25 g, Kh: 24 g, kcal: 425

1. Zum Vorbereiten von den Paprikaschoten einen Deckel abschneiden. Die Schoten entkernen und die weißen Scheidewände entfernen. Den Deckel und die Schoten innen und außen abspülen, abtropfen lassen.

2. Für die Füllung das Wasser mit ¼ gestr. TL Salz in einem kleinen Topf zum Kochen bringen. Den Reis darin nach Packungsanleitung zubereiten bzw. ausquellen lassen. Dazu das Wasser bei offenem Deckel verdunsten lassen, der Reis sollte noch körnig sein.

3. Zwiebel abziehen und in kleine Würfel schneiden. Hackfleisch in eine Schüssel geben. Gegarten Reis, Zwiebelwürfel und Ei hinzugeben. Das Ganze mit einem Mixer (Knethaken) oder Kochlöffel gut miteinander vermengen. Die Hackfleischmasse mit Salz und Pfeffer würzen.

4. Die Paprikaschoten mit der Hackfleischmasse füllen.

5. Für die Sauce Zwiebeln abziehen und klein würfeln. Knoblauch abziehen und fein hacken. Thymian abspülen und trocken tupfen. Olivenöl in einem breiten Topf erhitzen. Zwiebel- und Knoblauchwürfel mit dem Thymian unter Rühren darin andünsten.

6. Die gefüllten Paprikaschoten nebeneinander mit der Öffnung nach oben in den Topf stellen. Die Paprikadeckel auf die Füllung legen. Die Paprikaschoten zugedeckt etwa 20 Minuten bei schwacher Hitze garen.

7. Die Tomaten in der Dose etwas kleiner schneiden, mit der Flüssigkeit in die Zwischenräume der Paprikaschoten geben. Die Brühe hinzugießen und kurz aufkochen lassen. Die Paprikaschoten zugedeckt bei schwacher Hitze weitere etwa 25 Minuten garen.

8. Die Paprikaschoten herausnehmen, auf einer vorgewärmten Platte anrichten und warm stellen.

9. Den Thymianstängel aus der Sauce herausnehmen. Die Sauce mit dem Pürierstab pürieren. Die Sauce mit Salz, Zucker und etwas Zitronensaft abschmecken.

Sie können auch Zucchini, Fleischtomaten oder große Champignons mit der Fleischmasse füllen.

Gekochter Tafelspitz

ZUBEREITUNGSZEIT:
20 Minuten
GARZEIT:
etwa 2 Stunden, 20 Minuten

ZUTATEN FÜR 4 PORTIONEN
1–1 ½ l Wasser
1 kg Rindfleisch (Tafelspitz)
2 TL Salz
3 Lorbeerblätter
1 EL Pfefferkörner
2 große Zwiebeln
1 Bund Suppengrün (Möhren, Sellerie, Lauch)
500 g Kartoffeln, vorwiegend festkochend

FÜR DIE MEERRETTICHSAUCE:
30 g Butter oder Margarine
25 g Weizenmehl (Type 405)
100 g Schlagsahne
20 g frisch ger. Meerrettich
Salz
etwas Zucker
etwa 1 TL Zitronensaft
evtl. 1 EL Schnittlauchröllchen

PRO PORTION:
E: 59 g, F: 21 g, Kh: 36 g, kcal: 566

1. Wasser in einem großen Topf zum Kochen bringen. Rindfleisch mit Küchenpapier abtupfen, mit Salz, Lorbeerblätter und Pfefferkörnern in das kochende Wasser geben. Rindfleisch zugedeckt etwa 2 Stunden bei schwacher bis mittlerer Hitze gar ziehen lassen.

2. Zwiebeln abziehen und würfeln. Das Suppengemüse putzen, schälen, abspülen, abtropfen lassen und in Würfel (etwa 1 cm) schneiden. Kartoffeln schälen, abspülen und ebenfalls würfeln. Das vorbereitete Gemüse und die Kartoffeln nach Ende der Garzeit zu dem Fleisch geben und zugedeckt noch etwa 20 Minuten mitgaren.

3. Das gegarte Fleisch vor dem Anschneiden zugedeckt etwa 10 Minuten ruhen lassen. Die Brühe mit dem Gemüse in ein Sieb geben, dabei die Brühe auffangen, 400 ml für die Sauce abmessen. Gemüse zugedeckt warm stellen.

4. Für die Meerrettichsauce Butter oder Margarine in einem kleinen Topf zerlassen. Mehl darin unter Rühren so lange erhitzen, bis es hellgelb ist. Abgemessene Tafelspitzbrühe und Sahne hinzugießen. Mit einem Schneebesen gut durchschlagen, dabei darauf achten, dass keine Klümpchen entstehen. Die Sauce kurz aufkochen.

5. Meerrettich unterrühren. Die Sauce mit Salz, Zucker und Zitronensaft abschmecken. Das Fleisch in Scheiben schneiden, auf einer vorgewärmten Platte anrichten, mit etwas heißer Brühe übergießen. Tafelspitz mit Gemüse und Sauce servieren, nach Belieben mit Schnittlauchröllchen bestreuen.

REZEPTVARIANTE:
Für eine **kalte Meerrettichsauce** 150 g Crème fraîche mit 2 ELn Meerrettich aus dem Glas verrühren, mit etwas Zitronensaft, Salz, Pfeffer und Zucker abschmecken.

Dazu schmecken Klöße, Röstkartoffeln oder ein grüner Salat.

Geschmorte Ochsenbäckchen

MIT ALKOHOL

ZUBEREITUNGSZEIT:
25 Minuten
SCHMORZEIT:
etwa 3 ½ Stunden

ZUTATEN FÜR 4 PORTIONEN

1 Bund Suppengrün
(Lauch, Sellerie, Möhren)
2 Zwiebeln
2 Knoblauchzehen
4 Ochsenbäckchen, fett und sehnenfrei (etwa 1,5 kg)
2 EL Rapsöl
Salz
gem. Pfeffer
2 EL Butter
500 ml trockener, kräftiger Rotwein
1 EL Tomatenmark
1 EL Tomatenketchup
250 ml roter Portwein
1 l Rinderbrühe oder -fond
3–4 Pimentkörner
2 Lorbeerblätter
3–4 Wacholderbeeren, angedrückt
je ½ TL Pfeffer- und Senfkörner
2 Zweige Thymian- und Rosmarin
50 g kalte Butter

PRO PORTION:
E: 82 g, F: 52 g, Kh: 14 g, kcal: 967

1. Den Backofen vorheizen.
Ober-/Unterhitze: etwa 120 °C
Heißluft: etwa 100 °C

2. Sellerie und Möhren putzen, schälen, abspülen und abtropfen lassen. Lauch putzen, abtropfen lassen, die Stange längs halbieren. Das Suppengrün grob würfeln. Zwiebeln und Knoblauch abziehen und grob würfeln. Ochsenbäckchen mit Küchenpapier abtupfen. Öl in einem Bräter oder Schmortopf erhitzen und die Ochsenbäckchen darin rundherum anbraten. Das Fleisch mit Salz und Pfeffer würzen. Angebratene Bäckchen aus dem Bräter oder Topf nehmen und kurz beiseitestellen.

3. Butter in das Anbratgeschirr geben und Gemüse sowie Knoblauch hinzufügen. Einige Minuten rösten, dabei gelegentlich umrühren. Mit einem Viertel des Rotweins ablöschen. Rotwein einreduzieren, bis er verdampft ist und das Gemüse wieder anfängt anzurösten. Vorgang 2-mal wiederholen. Beim letzten Durchgang vor dem Ablöschen Tomatenmark und -ketchup zufügen und einige Minuten rösten, bis der Bratensatz eine dunkelrote Farbe angenommen hat.

4. Alles mit restlichem Rotwein ablöschen und Röststoffe nochmals mithilfe eines Kochlöffels vom Boden lösen. Ochsenbäckchen zum Gemüse geben, mit Portwein und Rinderfond oder -brühe auffüllen. Gewürze dazugeben, abdecken und im vorgeheizten Ofen mindestens **3 ½ Stunden sanft schmoren.**

5. Sobald die Bäckchen zart und weich sind, diese aus dem Topf oder Bräter nehmen und abgedeckt warm stellen. Sauce passieren und leicht dicklich einkochen lassen. Sauce mit Salz und Pfeffer abschmecken und die kalte Butter in Würfel geschnitten in die Sauce einrühren.

6. Die Ochsenbäckchen aufschneiden, in die Sauce geben und darin erwärmen (nicht mehr kochen lassen).

Glasierte Möhren und Kartoffelpüree oder Kürbisstampf dazu servieren.

Gulasch

ZUBEREITUNGSZEIT:
20 Minuten
SCHMORZEIT:
1 ¼–1 ½ Stunden

ZUTATEN FÜR 4 PORTIONEN

500 g Zwiebeln
500 g schieres Rindfleisch (ohne Knochen, z. B. aus der Unterschale) oder geschnittenes Gulaschfleisch
30 g Butterschmalz oder 3 EL Sonnenblumenöl
Salz
gem. Pfeffer
Paprikapulver edelsüß
2 schwach geh. EL Tomatenmark
etwa 250 ml heißes Wasser
abger. Schale von ½ Bio-Zitrone (unbehandelt, ungewachst)
evtl. 1–2 Spritzer Tabascosauce

PRO PORTION:
E: 27 g, F: 14 g, Kh: 7 g, kcal: 264

1. Zwiebeln abziehen, halbieren und in Scheiben schneiden. Rindfleisch mit Küchenpapier abtupfen und in etwa 3 cm große Würfel schneiden.

2. Etwas Butterschmalz oder Sonnenblumenöl in einem Topf erhitzen. Die Fleischwürfel darin in 2 Portionen von allen Seiten kräftig anbraten. Restliches Butterschmalz oder restliches Öl und die Zwiebelscheiben hinzufügen und mitbraten. Mit Salz, Pfeffer und Paprika würzen, Tomatenmark unterrühren.

3. Heißes Wasser hinzugießen. Gulasch zugedeckt 1 ¼–1 ½ Stunden bei mittlerer Hitze garschmoren. Sollte zu viel Flüssigkeit verdampfen, eventuell noch etwas Wasser hinzugeben.

4. Gulasch mit Salz, Pfeffer, Paprikapulver, Zitronenschale und bei Bedarf mit Tabasco abschmecken.

REZEPTVARIANTE:
Für **Gulasch mit Champignons** 200 g Champignons putzen, eventuell kurz abspülen, trocken tupfen, in Scheiben schneiden und etwa 10 Minuten vor Ende der Garzeit zu dem Gulasch geben. Oder 210 g abgetropfte Champignonscheiben (aus dem Glas) kurz vor Ende der Garzeit hinzufügen.

Servieren Sie dazu Nudeln oder Reis und Gurkensalat. Das Rindfleisch durch mageres Schweinefleisch ersetzen (Schmorzeit: etwa 45 Minuten).
Raffinierter wird das Gulasch, wenn die Hälfte des Wassers durch Rotwein ersetzt wird.

Hackbraten (Falscher Hase)

ZUBEREITUNGSZEIT:
25 Minuten
GARZEIT:
etwa 60 Minuten

ZUTATEN FÜR 6 PORTIONEN

2 Brötchen (Semmeln) vom Vortag
2 mittelgroße Zwiebeln
750 g Hackfleisch (halb Rind-, halb Schweinefleisch)
2 Eier (Größe M)
2 TL mittelscharfer Senf
1 EL gehackte Petersilie
½ EL Majoran gerebelt oder frisch
Salz
gem. Pfeffer
½ TL Paprikapulver
1 EL Semmelbrösel
3 wachsweich gekochte Eier (Größe M)
40 g durchwachsener Speck, in dünnen Scheiben
500 ml heiße Fleischbrühe
1 mittelgroße Zwiebel
1 mittelgroße Tomate
25 g Speisestärke
3 EL Wasser
evtl. etwas Petersilie

PRO PORTION:
E: 35 g, F: 29 g, Kh: 19 g, kcal: 478

1. Die Brötchen in kaltem Wasser einweichen und gut ausdrücken. Die Zwiebeln abziehen, klein würfeln. Hackfleisch in eine Schüssel geben. Brötchen, Zwiebelwürfel, Eier, Senf, Petersilie und Majoran hinzugeben. Die Zutaten gut unterkneten, mit Salz, Pfeffer und Paprikapulver würzen.

2. Den Backofen vorheizen.
Ober-/Unterhitze: etwa 200 °C
Heißluft: etwa 180 °C

3. Semmelbrösel auf die Arbeitsfläche streuen. Die Hackfleischmasse daraufgeben und zu einem Rechteck (etwa 20 x 30 cm) formen. Gekochte Eier pellen und längs hintereinander in die Mitte des Fleischteiges legen. Den Fleischteig von der längeren Seite aus aufrollen und zu einem Laib formen. Den Fleischlaib in einen Bräter (gefettet) legen.

4. Speckscheiben nebeneinander auf den Fleischlaib legen und etwas andrücken. Den Bräter auf dem Rost in den vorgeheizten Backofen (unteres Drittel) schieben. Den Hackbraten **etwa 60 Minuten garen.**

5. Sobald der Bratensatz anfängt zu bräunen, etwas heiße Brühe hinzugießen. Den Fleischlaib ab und zu mit dem Bratensatz begießen. Verdampfte Flüssigkeit nach und nach durch heiße Brühe ersetzen.

6. Zwiebel abziehen und vierteln. Tomate abspülen, abtropfen lassen, vierteln und den Stängelansatz herausschneiden. Zwiebel- und Tomatenviertel nach etwa 30 Minuten Garzeit zum Hackbraten in den Bräter geben und mitgaren lassen.

7. Den garen Hackbraten aus dem Bräter nehmen und zugedeckt warm stellen.

8. Den Bratensatz evtl. mit etwas Wasser loskochen, durch ein Sieb gießen, mit Wasser auf etwa 500 ml auffüllen und in einem Topf zum Kochen bringen.

9. Die Speisestärke mit 3 ELn Wasser anrühren und in die Sauce rühren. Die Sauce unter Rühren aufkochen, mit Salz und Pfeffer würzen.

10. Den Hackbraten in Scheiben schneiden, auf einer Platte anrichten und nach Belieben mit abgespülter, trocken getupfter Petersilie garnieren. Die Sauce dazureichen.

Himmel und Erde mit Blutwurst

ZUBEREITUNGSZEIT:
20 Minuten
GARZEIT:
etwa 35 Minuten

ZUTATEN FÜR 4 PORTIONEN

800 g mehligkochende Kartoffeln
Salz
500 g mürbe Äpfel
1 EL Zucker
200–250 ml Milch (3,5 % Fett)
abger. Schale von ½ Bio-Zitrone
30 g Butter (zimmerwarm)
gem. Pfeffer
ger. Muskatnuss
100 g geräucherter Bauchspeck, im Stück
2 Zwiebeln
500 g Blutwurst
etwas Weizenmehl (Type 405)
2 EL Sonnenblumenöl

PRO PORTION:
E: 28 g, F: 75 g, Kh: 48 g, kcal: 988

1. Kartoffeln schälen, abspülen, abtropfen lassen und in kleine Würfel schneiden. Die Kartoffelwürfel knapp mit Wasser bedeckt in einem Topf zugedeckt zum Kochen bringen. Salz hinzufügen. Die Kartoffelwürfel in etwa 15 Minuten gar kochen.

2. In der Zwischenzeit die Äpfel schälen, vierteln, entkernen und in etwa 1 cm große Würfel schneiden. Die Apfelwürfel mit dem Zucker in einem Topf zugedeckt bei mittlerer Hitze weich dünsten.

3. Die gegarten Kartoffelwürfel in ein Sieb geben, abtropfen lassen und anschließend mit einem Kartoffelstampfer zerdrücken. Die Milch in einem Topf erhitzen. Kartoffelmasse mit Apfelwürfeln, warmer Milch, Zitronenschale und Butter vermengen. Die Kartoffel-Apfel-Masse mit Salz, Pfeffer und Muskat würzen.

4. Den Speck in Würfel schneiden. Zwiebeln abziehen, zuerst in Scheiben schneiden, dann in Ringe teilen. Eine Pfanne erhitzen, den Speck darin auslassen. Die Zwiebelringe hinzugeben und goldbraun braten.

5. Von der Blutwurst die Pelle abziehen. Blutwurst in etwa 1 cm dicke Scheiben schneiden und in Mehl wenden. Sonnenblumenöl in einer Pfanne erhitzen. Die Blutwurstscheiben darin von beiden Seiten anbraten. Den Kartoffel-Apfel-Stampf mit den Blutwurstscheiben und der Speck-Zwiebel-Masse anrichten und servieren.

Himmel und Erde schmeckt auch zu gebratener Leber, Brühwurst, zu gebratener Ente oder zu Wildgerichten. Sie können die Kartoffeln auch durch eine Kartoffelpresse geben und anschließend mit den Äpfeln vermengen.

Hühnerfrikassee

ZUBEREITUNGSZEIT:
40 Minuten, ohne Abkühlzeit
GARZEIT:
etwa 75 Minuten

ZUTATEN FÜR 4 PORTIONEN

1 ½ l Wasser
1 Bund Suppengrün
(Sellerie, Möhren, Lauch)
1 Zwiebel
1 Lorbeerblatt
1 Gewürznelke
1 küchenfertiges Suppenhuhn
(1–1,2 kg)
1 ½ gestr. TL Salz

FÜR DIE SAUCE:

230 g weißer Spargel
1 TL Zucker
Salz
150 g Champignons
25 g Butter
30 g Weizenmehl
500 ml Hühnerbrühe
(vom Garen des Suppenhuhns)
etwa 1 EL Zitronensaft
2 Eigelb (Größe M)
4 EL Schlagsahne
gem. Pfeffer
Worcestersauce

PRO PORTION:

E: 49 g, F: 22 g, Kh: 8 g, kcal: 439

1. Wasser in einem Topf zum Kochen bringen. Sellerie und Möhren putzen, schälen, abspülen und abtropfen lassen. Lauch putzen, die Stange längs halbieren, gründlich waschen und abtropfen lassen. Suppengrün in grobe Stücke schneiden. Zwiebel abziehen, mit Lorbeerblatt und Nelke spicken.

2. Suppenhuhn mit Küchenpapier abtupfen. Das Huhn mit Salz in das kochende Wasser geben, wieder zum Kochen bringen und eventuell abschäumen.

3. Suppengrün in den Topf geben, das Huhn zugedeckt etwa 60 Minuten bei schwacher Hitze gar kochen.

4. Das gegarte Huhn mit einer Schaumkelle aus der Brühe nehmen und etwas abkühlen lassen. Die Brühe durch ein Sieb gießen, evtl. entfetten und 500 ml davon für die Sauce abmessen. Das Fleisch von den Knochen lösen, die Haut entfernen und das Fleisch in mundgerechte Stücke schneiden.

5. Für die Sauce Spargel abspülen und abtropfen lassen. Den Spargel von oben nach unten schälen. Darauf achten, dass die Schalen vollständig entfernt, die Köpfe aber nicht verletzt werden. Die unteren holzigen Enden abschneiden. Den Spargel in 2 cm lange Stücke schneiden. In kochendem, mit Zucker und Salz gewürztem Wasser etwa 8 Minuten kochen. Inzwischen Champignons putzen, mit Küchenpapier abreiben, evtl. abspülen, trocken tupfen und vierteln. Den gegarten Spargel mit einem Schaumlöffel vorsichtig aus dem Kochsud nehmen, abtropfen lassen und beiseitestellen.

6. Butter in einem Topf zerlassen. Mehl darin unter Rühren so lange erhitzen, bis es hellgelb ist. Die abgemessene Brühe nach und nach hinzugießen und mit einem Schneebesen gut durchschlagen. Dabei darauf achten, dass keine Klümpchen entstehen. Die Sauce kurz aufkochen.

7. Spargelstücke und Champignons mit dem Fleisch in die Sauce geben, kurz aufkochen und etwa 4 Minuten köcheln lassen. Nach Belieben etwas Zitronensaft und Zucker hinzugeben.

8. Eigelb mit Sahne verschlagen und langsam unter das Frikassee rühren (abziehen), Frikassee nicht mehr kochen lassen. Das Frikassee mit Salz, Pfeffer, Worcestersauce und Zitronensaft abschmecken.

Käsespätzle

VEGETARISCH

ZUBEREITUNGSZEIT:
40 Minuten
GAR-/BACKZEIT:
23–25 Minuten

ZUTATEN FÜR 4 PORTIONEN

3 Zwiebeln
30 g Butter oder Margarine

FÜR DIE SPÄTZLE:

250 g Weizenmehl (Type 405)
3 Eier (Größe M)
3 ½ gestr. TL Salz
1 Msp. ger. Muskatnuss
etwa 100 ml Wasser oder Milch (3,5 % Fett)
3 l Wasser
200 g ger. Emmentaler
2–3 EL Schnittlauchröllchen

PRO PORTION:

E: 26 g, F: 26 g, Kh: 48 g, kcal: 529

1. Die Zwiebeln abziehen, zunächst in Scheiben schneiden, dann in Ringe teilen. Butter oder Margarine in einer Pfanne zerlassen. Die Zwiebelringe darin unter Rühren bräunen, dann auf einen Teller geben und bei Bedarf warm halten.

2. Den Backofen vorheizen.
Ober-/Unterhitze: etwa 200 °C
Heißluft: etwa 180 °C

3. Für die Spätzle Mehl in eine Rührschüssel geben. Eier, ½ gestr. TL Salz, Muskat und Wasser oder Milch hinzugeben. Die Zutaten mit einem Holzlöffel verrühren, dabei darauf achten, dass keine Klümpchen entstehen. Den Teig so lange rühren, bis er eine zähe, dickflüssige Konsistenz hat und Blasen wirft.

4. Wasser in einem großen Topf zugedeckt zum Kochen bringen. 3 gestr. TL Salz hinzufügen. Den Teig portionsweise mit einem Spätzlehobel oder durch eine Spätzlepresse in das kochende Salzwasser geben und in 3–5 Minuten gar kochen (die Spätzle sind gar, wenn sie an der Oberfläche schwimmen).

5. Die gegarten Spätzle mit einer Schaumkelle aus dem Wasser nehmen, in ein Sieb geben, mit kaltem Wasser abschrecken und abtropfen lassen.

6. Die Spätzle abwechselnd mit dem Käse in eine Auflaufform (gefettet) schichten. Die letzte Schicht sollte aus Käse bestehen. Die Form auf dem Rost in den vorgeheizten Backofen schieben. Die Käsespätzle **etwa 20 Minuten backen.**

7. Die Käsespätzle mit gebräunten Zwiebelringen und Schnittlauchröllchen bestreut servieren.

Sie können Allgäuer oder Schweizer Emmentaler oder auch Bergkäse für die Käsespätzle verwenden. Sie können auch verschiedene Käsesorten mischen und auch einen kräftigen Romadur dazunehmen.
Würzen Sie das Wasser für die Spätzle mit 1 Lorbeerblatt.
Verwenden Sie ein spezielles Spätzlemehl oder doppelgriffiges Mehl für die Zubereitung der Spätzle.

Kohlrouladen

ZUBEREITUNGSZEIT:
40 Minuten, ohne Einweichzeit
SCHMORZEIT:
etwa 45 Minuten

ZUTATEN FÜR 4 PORTIONEN
Wasser
Salz
1 Kopf Wirsing oder Weißkohl (etwa 1 ½ kg)

FÜR DIE FÜLLUNG:
1 Brötchen (Semmel) vom Vortag
1 Zwiebel
1 Ei (Größe M)
etwa 1 TL mittelscharfer Senf
375 g Rinderhackfleisch
gem. Pfeffer
4 EL Rapsöl
500 ml Gemüsefond
1–2 TL Speisestärke
2 EL kaltes Wasser

ZUSÄTZLICH:
Küchengarn oder Rouladennadeln

PRO PORTION:
E: 29 g, F: 27 g, Kh: 14 g, kcal: 431

1. In einem großen Topf reichlich Salzwasser zum Kochen bringen (auf 1 Liter Wasser 1 TL Salz). Inzwischen von dem Wirsing oder Weißkohl die äußeren welken Blätter entfernen. 12 große Blätter lösen, Blattrippen entfernen oder flach schneiden. Kohlblätter etwa 3 Minuten in das kochende Salzwasser legen, mit einer Schaumkelle herausnehmen, kalt abspülen und die Blätter trocken tupfen.

2. Für die Füllung Brötchen mindestens 10 Minuten in kaltem Wasser einweichen, bis es weich ist. Zwiebel abziehen, würfeln. Brötchen gut ausdrücken, mit Zwiebelwürfeln, Ei, Senf und Hackfleisch in eine Rührschüssel geben und mit einem Mixer (Knethaken) vermengen. Mit Salz und Pfeffer würzen.

3. Jeweils 2–3 große Kohlblätter übereinanderlegen, je ein Viertel der Füllung daraufgeben. Blätter seitlich einschlagen und aufrollen. Die Rouladen mit Küchengarn umwickeln oder mit Rouladennadeln feststecken.

4. Rapsöl in einem Topf erhitzen. Die Rouladen darin von allen Seiten anbraten. Gemüsefond hinzugießen. Rouladen zugedeckt bei schwacher Hitze etwa 45 Minuten schmoren, dabei gelegentlich wenden.

5. Die gegarten Rouladen aus dem Topf nehmen, Küchengarn oder Rouladennadeln entfernen. Rouladen auf einer vorgewärmten Platte anrichten und warm stellen.

6. Speisestärke mit Wasser anrühren. Den Bratenfond aufkochen lassen, angerührte Speisestärke mit einem Schneebesen unterrühren. Die Sauce nochmals aufkochen, mit Salz und Pfeffer abschmecken und zu den Rouladen servieren.

Omas Küchentipps

Mit Salz- oder Petersilienkartoffeln und einem einfachen Blattsalat mit Joghurt-Dressing servieren. Aus dem restlichen Wirsing können Sie Wirsing in Rahmsauce (s. S. 97) zubereiten.

Königsberger Klopse

ZUBEREITUNGSZEIT:
25 Minuten
GARZEIT:
etwa 25 Minuten

ZUTATEN FÜR 4 PORTIONEN

1 Brötchen (Semmel) vom Vortag
1 Zwiebel
500 g Hackfleisch (halb Rind-, halb Schweinefleisch)
1 Ei oder Eiweiß (Größe S)
2 TL mittelscharfer Senf
Salz
gem. Pfeffer
750 ml Gemüsebrühe

FÜR DIE SAUCE:

30 g Butter oder Margarine
30 g Weizenmehl (Type 405)
500 ml Kochbrühe (von den Klopsen)
1 Eigelb (Größe S)
2 EL Milch (3,5 % Fett)
20 g abgetropfte Kapern (aus dem Glas)
etwas Zucker
etwas Zitronensaft

ZUM BESTREUEN:

evtl. etwas Dill

PRO PORTION:

E: 30 g, F: 30 g, Kh: 14 g, kcal: 448

1. Brötchen in kaltem Wasser einweichen und ausdrücken. Zwiebel abziehen und klein würfeln. Hackfleisch in eine Schüssel geben. Brötchen, Zwiebelwürfel, Ei oder Eiweiß und Senf hinzufügen. Die Zutaten gut verkneten. Mit Salz und Pfeffer würzen.

2. Die Gemüsebrühe in einem Topf zum Kochen bringen. Aus der Hackfleischmasse mit angefeuchteten Händen 8–10 Klopse formen. Klopse in die kochende Gemüsebrühe geben, wieder zum Kochen bringen, evtl. abschäumen. Klopse zugedeckt bei schwacher Hitze etwa 15 Minuten gar ziehen lassen (die Gemüsebrühe muss sich leicht bewegen).

3. Die Klopse mit einem Schaumlöffel aus der Brühe nehmen. Die Brühe durch ein Sieb in einen Topf oder eine Schüssel gießen und 500 ml für die Sauce abmessen.

4. Für die Sauce Butter oder Margarine in einem Topf zerlassen. Mehl unter Rühren so lange darin erhitzen, bis es hellgelb ist. Abgemessene Brühe hinzugießen und mit einem Schneebesen durchschlagen. Dabei darauf achten, dass keine Klümpchen entstehen. Die Sauce zum Kochen bringen und bei schwacher Hitze etwa 5 Minuten leicht kochen lassen, dabei gelegentlich umrühren.

5. Eigelb mit Milch verschlagen und langsam in die Sauce einrühren (abziehen). Die Sauce nicht mehr kochen lassen. Kapern hinzufügen. Sauce mit Salz, Pfeffer, Zucker und Zitronensaft abschmecken.

6. Die Klopse in die Sauce geben und etwa 5 Minuten bei schwacher Hitze ziehen lassen. Die Königsberger Klopse nach Belieben mit abgespültem, trocken getupften Dill bestreut servieren.

Omas Küchentipps

Dazu schmecken Salzkartoffeln und eingelegte Rote Bete aus dem Glas.
Sie können die Klopse in der Kochbrühe einfrieren. Die Sauce dann nach dem Auftauen frisch zubereiten.

Kräutermaultaschen auf Gemüse

VEGETARISCH

ZUBEREITUNGSZEIT:
40 Minuten, ohne Ruhezeit

ZUTATEN FÜR 4 PORTIONEN

FÜR DEN TEIG:
300 g Weizenmehl
3 Eier (Größe M)
1 EL Speiseöl, z. B. Sonnenblumenöl
½ gestr. TL Salz

FÜR DIE FÜLLUNG:
2 Bund Petersilie
1 Bund Schnittlauch
1 Ei (Größe M)
50 g Semmelbrösel
Salz
ger. Muskatnuss
1 Eiweiß zum Bestreichen

FÜR DAS GEMÜSE:
500 g Wirsing
400 g Möhren
300 g weiße Rüben
400 g Steckrüben
2 EL Olivenöl
2 ½ l Gemüsebrühe
gem. Pfeffer
2–3 EL Schnittlauchröllchen

PRO PORTION:
E: 23 g, F: 15 g, Kh: 85 g, kcal: 568

1. Für den Teig Mehl, Eier, Speiseöl und Salz mit einem Mixer (Knethaken) zunächst kurz auf niedrigster, dann auf höchster Stufe in etwa 3 Minuten zu einem glatten Teig verarbeiten, evtl. noch etwas Wasser hinzugeben. Den Teig zugedeckt etwa 40 Minuten ruhen lassen.

2. Für die Füllung Petersilie und Schnittlauch abspülen und trocken tupfen. Die Petersilienblättchen von den Stängeln zupfen, mit dem Schnittlauch klein schneiden. Die Kräuter mit Ei und Semmelbröseln in einer Schüssel vermischen, mit Salz und Muskat würzen.

3. Den Teig auf der leicht bemehlten Arbeitsfläche dünn zu einem Rechteck (etwa 40 x 60 cm) ausrollen, dann Quadrate (je 10 x 10 cm) ausrädern. Etwas von der Füllung auf jedes Teigquadrat geben. Das Eiweiß verschlagen. Die Teigränder damit bestreichen. Teigquadrate zu Dreiecken übereinanderklappen, die Ränder andrücken.

4. Für das Gemüse von dem Wirsing die groben äußeren Blätter entfernen. Wirsing vierteln, abspülen, abtropfen lassen und den Strunk herausschneiden. Kohl in feine Streifen schneiden. Möhren und Rüben putzen, schälen, abspülen, abtropfen lassen und in Würfel schneiden.

5. Olivenöl in einem Bratentopf erhitzen. Wirsingstreifen, Möhren- und Rübenwürfel darin unter Rühren anbraten, 500 ml Brühe hinzugießen. Gemüse mit Salz und Pfeffer würzen, etwa 20 Minuten schmoren, dabei gelegentlich umrühren.

6. In der Zwischenzeit 2 Liter Brühe in einem Topf erhitzen. Die Maultaschen darin portionsweise ohne Deckel bei mittlerer Hitze in etwa 5 Minuten gar ziehen lassen. Mit einer Schaumkelle aus der Brühe nehmen und warm stellen. Das Gemüse mit den Maultaschen und Schnittlauchröllchen bestreut servieren.

Omas Küchentipps

Schneller geht die Zubereitung der Kräutermaultaschen, wenn Sie fertigen Nudelteig (aus- und aufgerollt aus dem Kühlregal oder TK-Nudelteig, nach Packungsanleitung aufgetaut) verwenden.

Krustenbraten

MIT ALKOHOL

ZUBEREITUNGSZEIT:
35 Minuten
KOCH- UND BRATZEIT:
etwa 1 ½ Stunden

ZUTATEN FÜR 6 PORTIONEN

Salz
1 ¼ kg Schweinekeule mit Schwarte (ohne Knochen), vom Metzger rautenförmig eingeschnitten
3 Zwiebeln
1 Bund Suppengrün (Sellerie, Möhren, Lauch)
20 g Butterschmalz oder Margarine
500 ml Bier
gem. Pfeffer
1 TL gem. Kümmel
6 Gewürznelken
evtl. etwas Fleischbrühe oder Wasser
1 EL Speisestärke
2 EL kaltes Wasser

PRO PORTION:
E: 47 g, F: 17 g, Kh: 9 g, kcal: 402

1. Reichlich Wasser in einem weiten Topf zum Kochen bringen. Salz (auf 1 Liter Wasser 1 TL Salz) und das mit Küchenpapier abgetupfte Fleisch hinzufügen, bei schwacher Hitze etwa 45 Minuten kochen lassen.

2. Anschließend den Backofen vorheizen.
Ober-/Unterhitze: etwa 200 °C
Heißluft: etwa 180 °C

3. In der Zwischenzeit Zwiebeln abziehen und vierteln. Sellerie und Möhren putzen, schälen, abspülen, abtropfen lassen. Lauch putzen, die Stange längs halbieren, gründlich waschen, abtropfen lassen. Das Suppengrün in Stücke schneiden. Butterschmalz oder Margarine in einem Bräter erhitzen. Das vorbereitete Gemüse darin gut anbraten. Dann die Hälfte des Biers hinzugießen.

4. Das Fleisch aus dem Wasser nehmen, abtropfen lassen. Dann mit Salz, Pfeffer und Kümmel bestreuen. Nelken in die Einschnitte der Schwarte stecken.

5. Das Fleisch auf das Gemüse in den Bräter legen. Den Bräter ohne Deckel auf dem Rost in den Backofen (unteres Drittel) schieben. Den Braten **etwa 45 Minuten braten.**

6. Das Fleisch gelegentlich mit etwas von dem restlichen Bier begießen. Etwa 10 Minuten vor dem Ende der Garzeit das Fleisch mit dem restlichen Bier bestreichen und fertig garen. Sollte die Flüssigkeit nicht ausreichen, etwas Brühe oder Wasser hinzugießen.

7. Das Fleisch herausnehmen und zugedeckt etwas ruhen lassen. Den Bratenfond durch ein Sieb geben und zum Kochen bringen. Speisestärke mit Wasser anrühren und unterrühren. Sauce kurz aufkochen, mit Salz und Pfeffer abschmecken, zum Braten servieren.

Servieren Sie zu dem Krustenbraten farbenfrohes Gemüse und Kartoffelklöße oder dicke Scheiben rustikales Bauernbrot.
Falls Sie die Schwarte selbst einschneiden, geht das am besten mit einem sauberen Teppichmesser, Sie können aber auch ein scharfes Fleischmesser verwenden.

Nürnberger Bratwurst

ZUBEREITUNGSZEIT:
etwa 45 Minuten
BRATZEIT:
6–8 Minuten

ZUTATEN FÜR 4 PORTIONEN

FÜR DAS SAUERKRAUT

2 kleine Zwiebeln
40 g Butter
770 g Sauerkraut mit Ananas (aus der Dose)
Salz
gem. Pfeffer
1 TL Zucker
2 Lorbeerblätter
3 Gewürznelken
1 Kartoffel
3 Äpfel, z. B. Cox Orange oder Braeburn
3 kleine Zwiebeln
etwa 1 gestr. EL Mehl
1–2 EL Sonnenblumenöl
16 Nürnberger Bratwürste (320–400 g)
1 EL Butterschmalz
½ EL Zucker

PRO PORTION

E: 15 g, F: 38 g, Kh: 24 g, kcal: 521

1. Für das Sauerkraut Zwiebeln abziehen und in Würfel schneiden. Butter in einem Topf zerlassen und die Zwiebeln darin andünsten.

2. Sauerkraut mit der Flüssigkeit hinzufügen, mit Salz, Pfeffer und Zucker würzen. Lorbeerblätter und Gewürznelken hinzufügen. Das Sauerkraut zugedeckt bei schwacher Hitze etwa 25 Minuten garen.

3. Die Kartoffel schälen, abspülen, abtropfen lassen und, nachdem das Sauerkraut etwa 15 Minuten gegart wurde, mit einer Haushaltsreibe in das Sauerkraut reiben und unterrühren. Sauerkraut fertig garen. Nach Ende der Garzeit Lorbeerblätter und Gewürznelken entfernen. Das Sauerkraut nochmals mit Salz, Pfeffer und etwas Zucker abschmecken.

4. Die Äpfel waschen, nach Belieben schälen, in 8 Spalten scheiden und das Kerngehäuse entfernen. Zwiebeln abziehen, in dünne Ringe schneiden und in einer Schüssel mit Mehl bestäuben.

5. Das Öl in einer ausreichend großen Pfanne erhitzen, die Bratwürste darin 6–8 Minuten unter Wenden braten, aus der Pfanne nehmen und warm stellen.

6. Die Hälfte vom Butterschmalz in einer Pfanne erhitzen und die Zwiebeln darin goldgelb braten. Dabei mit Salz und Pfeffer würzen. Zwiebeln warm stellen. Das restliche Butterschmalz in der Pfanne erhitzen und die Apfelspalten darin anbraten. Äpfel mit Zucker bestreuen und unter Schwenken leicht karamellisieren lassen.

7. Nürnberger Bratwürstchen mit den Zwiebeln und Apfelspalten sowie dem Sauerkraut anrichten.

Panierte Schweineschnitzel

ZUBEREITUNGSZEIT:
etwa 25 Minuten
GARZEIT:
6–10 Minuten

ZUTATEN FÜR 4 PORTIONEN

4 Schweineschnitzel (je etwa 150 g)
Salz
gem. Pfeffer
½ TL Paprikapulver edelsüß
2–3 EL Weizenmehl
3–4 EL Semmelbrösel
2 Eier (Größe M)
5–6 EL Speiseöl,
z. B. Sonnenblumenöl,
oder 40–50 g Margarine

PRO PORTION:
E: 37 g, F: 17 g, Kh: 9 g, kcal: 344

1. Die Schweineschnitzel mit Küchenpapier trocken tupfen und evtl. halbieren. Das Fleisch von beiden Seiten mit Salz, Pfeffer und Paprika würzen.

2. Drei tiefe Teller nebeneinanderstellen. Mehl und Semmelbrösel in jeweils einen der Teller geben. Im dritten Teller die Eier mit einer Gabel verschlagen.

3. Die Schnitzel nacheinander zuerst in Mehl wenden, überschüssiges Mehl abschütteln. Dann die Schnitzel in den verschlagenen Eiern wenden und am Tellerrand etwas abstreifen. Zuletzt die Schnitzel in den Semmelbröseln wenden. Die Panade etwas andrücken.

4. Etwa die Hälfte vom Fett in einer großen beschichteten Pfanne erhitzen. Die Hälfte der Schnitzel von beiden Seiten kurz und kräftig bei starker Hitze anbraten. Dann bei mittlerer Hitze 3–5 Minuten, je nach Dicke der Schnitzel, fertig braten, dabei ab und zu wenden.

5. Die fertigen Schnitzel aus der Pfanne nehmen und auf Küchenpapier legen (so wird überschüssiges Fett aufgesaugt). Die Schnitzel warm stellen. Das restliche Speiseöl in der Pfanne erhitzen und die restlichen Schnitzel wie beschrieben darin braten.

REZEPTVARIANTE:
Für **panierte Schweinekoteletts** 4 Schweinekoteletts (je etwa 200 g) wie beschrieben vorbereiten, panieren, anbraten und in 8–10 Minuten fertig braten.

Die Schnitzel mit Zitronenspalten garnieren und Kartoffelsalat dazureichen.
Die Panade nicht zu fest andrücken, damit sie schön locker wird und sich beim Braten leicht wellt.
Dickere Schweineschnitzel können Sie mit einem Fleischklopfer etwas dünner klopfen.
Das Wiener Schnitzel wird aus Kalbfleisch zubereitet.

Rinderrouladen

ZUBEREITUNGSZEIT:
30 Minuten
SCHMORZEIT:
etwa 90 Minuten

ZUTATEN FÜR 4 PORTIONEN

4 Scheiben Rindfleisch
(je 180–200 g, aus der Keule)
Salz
gem. Pfeffer
4 TL mittelscharfer Senf
60 g durchwachsener Speck
4 Zwiebeln
2 abgetropfte, mittelgroße Gewürzgurken
1 Bund Suppengrün (Sellerie, Möhren, Lauch)
3 EL Sonnenblumenöl
etwa 250 ml heißes Wasser oder Gemüsebrühe
etwa 1 geh. TL Speisestärke
3 EL kaltes Wasser

ZUSÄTZLICH:

Rouladennadeln oder Küchengarn

PRO PORTION:

E: 44 g, F: 21 g, Kh: 8 g, kcal: 395

1. Rindfleischscheiben mit Küchenpapier abtupfen, mit Salz und Pfeffer würzen. Fleischscheiben mit 2–3 TL Senf bestreichen. Speck in Scheiben oder Streifen schneiden. 2 Zwiebeln abziehen, halbieren. Zwiebeln und Gewürzgurken in Scheiben oder Streifen schneiden.

2. Die vorbereiteten Zutaten auf die Fleischscheiben geben. Die Scheiben von der schmalen Seite aus aufrollen und mit Rouladennadeln feststecken oder mit Küchengarn sorgfältig umwickeln.

3. Die restlichen 2 Zwiebeln abziehen und vierteln. Sellerie und Möhren putzen, schälen, abspülen und abtropfen lassen. Lauch putzen, die Stange längs halbieren, gründlich waschen und abtropfen lassen. Suppengrün klein schneiden.

4. Speiseöl in einem Topf oder Bräter erhitzen. Die Rouladen darin von allen Seiten kräftig anbraten. Zwiebelviertel und vorbereitetes Suppengrün kurz mitbraten. Gut die Hälfte des heißen Wassers oder der Brühe hinzugießen und zum Kochen bringen. Die Rouladen zugedeckt etwa 1 ½ Stunden bei mittlerer Hitze schmoren. Rouladen gelegentlich wenden. Verdampfte Flüssigkeit nach und nach durch heißes Wasser oder Brühe ersetzen.

5. Die gegarten Rouladen (Rouladennadeln oder Küchengarn entfernen) auf einer vorgewärmten Platte anrichten und warm stellen.

6. Den Bratensatz durch ein Sieb streichen oder mit einem Pürierstab pürieren, mit Wasser oder Brühe auf 375 ml auffüllen und zum Kochen bringen. Speisestärke mit Wasser anrühren. Die Sauce zum Kochen bringen, angerührte Speisestärke unterrühren und kurz aufkochen. Die Sauce mit Salz, Pfeffer und Senf abschmecken.

Omas Küchentipps

Dazu schmecken Rotkohl und Salzkartoffeln.
Zum Garnieren 1 Frühlingszwiebel putzen, abspülen, trocken tupfen, in feine Scheiben schneiden und auf die Rouladen streuen.

Sauerbraten

MIT ALKOHOL

ZUBEREITUNGSZEIT:
50 Minuten, ohne Abkühl- und Marinierzeit
GARZEIT:
etwa 2 ½ -3 Stunden

ZUTATEN FÜR 8 PORTIONEN

FÜR DIE MARINADE:
2 Möhren
3 Petersilienwurzeln
1 Stück Knollensellerie
1 Zwiebel, Salz, 2 Lorbeerblätter
je ½ TL Pfeffer- und Senfkörner
3 Gewürznelken, 1 Knoblauchzehe
1 Stängel Thymian, 5 Pimentkörner
250 ml Kräuter- oder Weißweinessig
1 l Rindfleischbrühe, 1 l Rotwein

2 kg Rindfleisch (aus der Keule, ohne Knochen)
2 EL Schweineschmalz
2 EL Zuckerrübensirup (Rübenkraut)
2 EL Preiselbeeren (aus dem Glas)

FÜR DIE SAUCE:
2 EL Crème fraîche
evtl. etwas Speisestärke
100 g Rosinen
4 EL gehobelte, gebräunte Mandeln
gem. Pfeffer

PRO PORTION:
E: 54 g, F: 30 g, Kh: 23 g, kcal: 660

1. Für die Marinade Möhren, Petersilienwurzeln und Sellerie putzen, schälen, abspülen, abtropfenlassen, in Stücke schneiden. Zwiebel abziehen und grob würfeln. Vorbereitetes Gemüse in einen Topf geben. Restliche Zutaten für die Marinade hinzufügen, aufkochen und abkühlen lassen. Die Marinade in eine große Schale oder Auflaufform geben.

2. Rindfleisch mit Küchenpapier abtupfen, in die Marinade legen und zugedeckt in den Kühlschrank stellen. Rindfleisch mindestens 24 Stunden marinieren. Bei einem dicken Fleischstück sollte man die Einlegezeit etwas verlängern (2–3 Tage), damit die Marinade gut durchzieht. Das Fleisch täglich wenden.

3. Den Backofen vorheizen.
Ober-/Unterhitze: etwa 180 °C
Heißluft: etwa 160 °C

4. Rindfleisch aus der Marinade nehmen und trocken tupfen. Die Marinade durch ein Sieb in einen Topf gießen.

5. Schweineschmalz in einem Bräter erhitzen. Rindfleisch darin von allen Seiten scharf anbraten. Gut abgetropftes Gemüse (aus der Marinade) kurz mitbraten lassen.

6. Sirup und Preiselbeeren hinzugeben. Aufgefangene Marinade hinzugießen. Den Bräter zugedeckt auf dem Rost in den vorgeheizten Backofen schieben und den Sauerbraten **etwa 2 ½–3 Stunden garen.** Dabei den Braten hin und wieder wenden.

7. Den gegarten Sauerbraten aus dem Bräter nehmen und warm stellen.

8. Für die Sauce den Sud durch ein Sieb passieren oder pürieren und Crème fraîche unterrühren. Die Sauce nach Belieben mit angerührter Speisestärke binden. Rosinen und Mandeln unterrühren. Mit Salz und Pfeffer abschmecken.

9. Den Sauerbraten in Scheiben schneiden. Auf einer Platte anrichten und mit der Sauce übergießen. Oder die Sauce dazureichen.

Der Braten ist fertig, wenn man mit einer Fleischgabel mühelos hineinstechen kann.

Semmelknödel mit Pilzrahmsauce

ZUBEREITUNGSZEIT:
50 Minuten, ohne Abkühlzeit

ZUTATEN FÜR 4–6 PORTIONEN

FÜR DIE SEMMELKNÖDEL:

50 g durchwachsener Speck
2 Zwiebeln
1 EL Sonnenblumenöl
300 g Semmeln (Brötchen) vom Vortag (etwa 8 Stück)
300 ml Milch (3,5 % Fett)
30 g Butter
4 Eier (Größe M)
2 EL klein geschnittene Petersilie
Salz
Salzwasser (auf 1 l Wasser 1 gestr. TL Salz)

FÜR DIE PILZRAHMSAUCE:

800 g gemischte Pilze, z. B. Pfifferlinge, Champignons, Kräutersaitlinge, Steinpilze
1 Zwiebel
2 EL Butterschmalz oder Sonnenblumenöl
Salz
gem. Pfeffer
15 g Weizenmehl (Type 405)
300 g Schlagsahne
abger. Schale von ½ Bio-Zitrone (unbehandelt, ungewachst)
150 g Crème fraîche
3 EL klein geschnittene Petersilie

PRO PORTION:

E: 23 g, F: 52 g, Kh: 45 g, kcal: 739

1. Für die Knödel den Speck in Würfel schneiden. Die Zwiebeln abziehen und fein würfeln.

2. Sonnenblumenöl in einer Pfanne erhitzen. Die Speckwürfel darin knusprig braten. Die Zwiebelwürfel hinzufügen und bei schwacher Hitze unter Rühren dünsten.

3. Die Semmeln in kleine Würfel schneiden und in eine Schüssel geben. Die Milch mit der Butter erhitzen, über die Semmelwürfel gießen und gut verrühren. Die Speck-Zwiebel-Masse mit dem Bratfett unter die Semmelwürfel rühren und abkühlen lassen.

4. Eier mit Petersilie verschlagen, mit der abgekühlten Semmelmasse vermengen und mit Salz würzen. Aus der Masse mit bemehlten Händen 12 Knödel formen. In einem großen Topf so viel Salzwasser zum Kochen bringen, dass die Knödel in dem Wasser „schwimmen“ können. Die Knödel evtl. in 2 Portionen in das kochende Salzwasser geben, wieder zum Kochen bringen und in etwa 20 Minuten gar ziehen lassen (das Wasser muss sich leicht bewegen).

5. Für die Pilzrahmsauce in der Zwischenzeit Pilze putzen, evtl. kurz abspülen und trocken tupfen. Pilze in grobe Stücke schneiden. Die Zwiebel abziehen und fein würfeln. Butterschmalz oder Sonnenblumenöl in einer großen Pfanne erhitzen. Die Zwiebelwürfel darin andünsten, dann die Pilze hinzugeben und mitdünsten, bis sie leicht glänzen, mit Salz und Pfeffer würzen.

6. Die Pilze mit Mehl bestäuben und so lange rühren, bis kein Mehl mehr zu sehen ist. Anschließend die Sahne und die Zitronenschale hinzugeben. Die Pilze 3–4 Minuten leicht kochen lassen.

7. Zuletzt Crème fraîche und 2 EL Petersilie unterrühren, nochmals kurz aufkochen lassen. Nach Belieben mit Salz und Pfeffer abschmecken.

8. Die gegarten Knödel mit einer Schaumkelle aus dem Wasser nehmen und gut abtropfen lassen.

9. Semmelknödeln mit Pilzrahmsauce anrichten und mit der restlichen Petersilie bestreuen.

Speckschollen

ZUBEREITUNGSZEIT:
20 Minuten
GARZEIT:
etwa 15 Minuten je Portion

ZUTATEN FÜR 4 PORTIONEN

4 küchenfertige Schollen
(je etwa 300 g)
Salz
gem. Pfeffer
40 g Weizenmehl (Type 405)
150 g durchwachsener Speck
1 Bio-Zitrone
3–4 EL Speiseöl,
z. B. Sonnenblumenöl
einige Stängel Dill

PRO PORTION:

E: 47 g, F: 15 g, Kh: 6 g, kcal: 349

1. Schollen mit Küchenpapier abtupfen, mit Salz und Pfeffer einreiben. Schollen in Mehl wenden, überschüssiges Mehl leicht abschütteln. Speck in kleine Würfel schneiden. Zitrone heiß abwaschen, abtrocknen und achteln.

2. Speiseöl in einer großen Pfanne erhitzen. Die Speckwürfel darin ausbraten, herausnehmen und warm stellen.

3. Je nach Größe der Pfanne die Schollen evtl. nacheinander in dem Speckfett etwa 15 Minuten von beiden Seiten braun und gar braten, evtl. noch etwas Speiseöl hinzugeben. Die Schollen auf einer vorgewärmten Platte anrichten und warm stellen, bis alle Schollen gebraten sind.

4. Dill abspülen und trocken tupfen. Die Speckwürfel auf den Schollen verteilen. Die Schollen mit Zitronenspalten und Dillstängeln garniert servieren.

REZEPTVARIANTE:

Für **Scholle „Büsumer Art“** einreiben. 100 g durchwachsener Speck in Würfel schneiden. 1 Bio-Zitrone (unbehandelt, ungewachst) heiß abwaschen, abtrocknen und achteln. Die Schollen in 40 g Weizenmehl wenden, überschüssiges Mehl leicht abschütteln. 3–4 EL Speiseöl, z. B. Sonnenblumenöl, in einer Pfanne erhitzen. Die Speckwürfel darin ausbraten. 150–200 g gepulte Nordseekrabben hinzugeben und kurz anbraten. Krabben und ausgebratene Speckwürfel mit einem Schaumlöffel aus der Pfanne nehmen und warm stellen. Die Schollen braten und warm stellen (siehe Punkt 3). Dann einige Stängel Dill abspülen und trocken tupfen. Krabben-Speck Mischung auf den Schollen verteilen. Die Schollen mit Zitronenspalten und Dillstängeln garniert servieren.

Als Beilage schmecken Salzkartoffeln und Feldsalat.

Spinat mit Spiegeleiern

VEGETARISCH

ZUBEREITUNGSZEIT:
30 Minuten
GARZEIT:
10–15 Minuten

ZUTATEN FÜR 4 PORTIONEN

FÜR DEN SPINAT:
1 ½ kg frischer Blattspinat
2 mittelgroße Zwiebeln
75 g Butter
Salz
gem. Pfeffer
ger. Muskatnuss

FÜR DIE SPIEGELEIER:
20 g Butter oder Margarine
4 Eier (Größe M)

PRO PORTION:
E: 16 g, F: 26 g, Kh: 4 g, kcal: 323

1. Für den Spinat Blattspinat verlesen, dicke Stiele entfernen. Spinat gründlich waschen und in einem Sieb abtropfen lassen. Die Zwiebeln abziehen und fein würfeln. Butter in einem Topf zerlassen, die Zwiebelwürfel darin andünsten.

2. Den Spinat hinzufügen, mit Salz, Pfeffer und Muskat würzen. Spinat zugedeckt bei schwacher Hitze 5–10 Minuten garen, bis er zusammengefallen ist.

3. Inzwischen für die Spiegeleier Butter oder Margarine in einer großen Pfanne zerlassen. Eier vorsichtig aufschlagen und nebeneinander in das heiße Fett gleiten lassen, dabei darauf achten, dass das Eigelb ganz bleibt. Das Eiweiß mit etwas Salz bestreuen, die Eier bei mittlerer Hitze etwa 5 Minuten braten lassen, bis das Eiweiß fest ist.

4. Den garen Spinat umrühren, nochmals mit Salz, Pfeffer und Muskat abschmecken und mit den Spiegeleiern sofort servieren.

REZEPTVARIANTE:
Für ein **Kartoffel-Spinat-Gratin** 450 g TK-Blattspinat nach Packungsanleitung auftauen lassen. Den Backofen vorheizen: Ober-/Unterhitze: etwa 200 °C, Heißluft: etwa 180 °C. Den aufgetauten Spinat leicht ausdrücken, mit Salz, Pfeffer und Muskat würzen. 1 kg festkochende Kartoffeln schälen, abspülen, abtropfen lassen und in feine Scheiben schneiden. Kartoffelscheiben dachziegelartig in eine flache Auflaufform (gefettet) schichten. Den Spinat dazwischen verteilen. 125 ml Milch (3,5 % Fett) mit 125 ml Gemüsebrühe in einem kleinen Topf verrühren und erhitzen, mit Salz, Pfeffer und Muskat würzen. Die Kartoffeln und den Spinat damit übergießen. Die Form auf dem Rost in den vorgeheizten Backofen schieben. Kartoffel-Spinat-Gratin etwa 25 Minuten garen. 125 g abgetropften Mozzarella in kleine Würfel schneiden und auf dem Gratin verteilen. Gratin weitere etwa 25 Minuten überbacken.

Dazu schmecken Salzkartoffeln oder Kartoffelpüree.

Szegediner Gulasch

ZUBEREITUNGSZEIT:
20 Minuten
GARZEIT:
etwa 60 Minuten

ZUTATEN FÜR 4 PORTIONEN

200 g Zwiebeln
250 g Schweinefleisch (aus dem Nacken)
250 g Rindfleisch (aus dem Nacken)
3 EL Sonnenblumenöl
Salz
gem. Pfeffer
1–2 TL Paprikapulver edelsüß
etwa 750 ml Gemüsebrühe
1–2 EL Tomatenmark
500 g Sauerkraut (frisch oder aus der Dose)
1 Lorbeerblatt
2 Wacholderbeeren
1–2 EL saure Sahne

PRO PORTION:
E: 29 g, F: 21 g, Kh: 6 g, kcal: 333

1. Die Zwiebeln abziehen, halbieren und in Scheiben schneiden. Beide Fleischsorten mit Küchenpapier abtupfen und dann in etwa 2 cm große Würfel schneiden.

2. Sonnenblumenöl in einem Topf oder Bräter erhitzen. Die Fleischwürfel darin gut anbraten, mit Salz, Pfeffer und Paprikapulver würzen. Zwiebelscheiben zu dem Fleisch geben und ebenfalls anbraten.

3. Gemüsebrühe und Tomatenmark hinzufügen, umrühren, kurz aufkochen lassen und alles zugedeckt etwa 35 Minuten bei mittlerer Hitze garen.

4. Sauerkraut locker zupfen, mit Lorbeerblatt und Wacholderbeeren zu dem Fleisch geben, eventuell noch etwas Brühe hinzufügen. Das Ganze zugedeckt weitere etwa 25 Minuten garen.

5. Die saure Sahne unter das gare Gulasch rühren. Das Gulasch mit Salz, Pfeffer und Paprikapulver abschmecken.

Servieren Sie dazu Salzkartoffeln.
Wenn Sie nur Schweinefleisch verwenden, verkürzt sich die Garzeit um etwa 25 Minuten.

Züricher Geschnetzeltes

MIT ALKOHOL

ZUBEREITUNGSZEIT:
30 Minuten

ZUTATEN FÜR 4 PORTIONEN
600 g Kalbfleisch (aus der Keule)
2 mittelgroße Zwiebeln
2 EL Rapsöl
15 g Weizenmehl (Type 405)
125 ml Weißwein oder Brühe
250 g Schlagsahne
Salz
gem. Pfeffer
Zucker
Zitronensaft
einige Kerbelblättchen

PRO PORTION:
E: 34 g, F: 28 g, Kh: 7 g, kcal: 425

1. Fleisch mit Küchenpapier abtupfen, in dünne Streifen schneiden. Zwiebeln abziehen, klein würfeln. Speiseöl in einer Pfanne erhitzen. Die Fleischstreifen darin in 2 Portionen von jeder Seite 3–4 Minuten braten, herausnehmen und beiseitestellen.

2. Zwiebeln in dem verbliebenen Bratfett etwa 2 Minuten dünsten, dann mit Mehl bestäuben. Unter Rühren erhitzen, bis es hellgelb ist. Wein oder Brühe und Sahne hinzugießen, mit einem Schneebesen durchschlagen. Darauf achten, dass keine Klümpchen entstehen. Sauce zum Kochen bringen, unter Rühren bei mittlerer Hitze einige Minuten einkochen lassen. Fleischstreifen wieder hinzugeben, in der Sauce erhitzen. Geschnetzeltes nicht mehr kochen lassen, sonst wird das Fleisch zäh.

3. Das Geschnetzelte mit Salz, Pfeffer, 1 Prise Zucker und etwas Zitronensaft würzen. Das Geschnetzelte anrichten. Mit abgespülten, trocken getupften Kerbelblättchen garniert sofort servieren.

Omas Küchentipps

Servieren Sie Rösti, Spätzle oder Reis und Salat zu dem Geschnetzelten.
Sie können zusätzlich 200 g geputzte und in Scheiben geschnittene Champignons mit der letzten Portion Zwiebelwürfel andünsten. Dann wie im Rezept beschrieben fortfahren.

Zwiebelfleisch

ZUBEREITUNGSZEIT:
35 Minuten
GARZEIT:
etwa 2 ½ Stunden

ZUTATEN FÜR 4 PORTIONEN

1 Möhre
1 Petersilienwurzel
250 g Zwiebeln
1 Schweinshaxe (etwa 1 ½ kg)
2 ½ l Wasser
Salz
6 Pfefferkörner
2 Gewürznelken
1 Lorbeerblatt
30 g Schweineschmalz
375 ml Fleischbrühe (von der Haxe)
40 g Semmelbrösel
gem. Pfeffer
1 TL Kümmelsamen
1 TL Zucker

PRO PORTION:

E: 62 g, F: 47 g, Kh: 16 g, kcal: 742

1. Möhre und Petersilienwurzel schälen, abspülen, abtropfen lassen und würfeln. Zwiebeln abziehen und in Scheiben schneiden.

2. Schweinshaxe mit Küchenpapier abtupfen und mit dem Wasser in einen großen Topf geben. Salz, Pfefferkörner, Gewürznelken, Lorbeerblatt, Möhren- und Petersilienwürfel hinzugeben. Die Zutaten zum Kochen bringen und zugedeckt etwa 2 ½ Stunden garen.

3. Die gegarte Haxe herausnehmen und warm stellen. 375 ml von der Fleischbrühe abmessen und durch ein Sieb geben.

4. Schmalz in einem Topf erhitzen. Zwiebelscheiben darin glasig dünsten, durchgesiebte Brühe hinzugeben, zum Kochen bringen und etwa 20 Minuten kochen lassen.

5. Semmelbrösel unterrühren, mit Salz, Pfeffer, Kümmel und Zucker würzen.

6. Das Haxenfleisch vom Knochen lösen. Fett entfernen und das Fleisch in Portionen teilen. Die Fleischstücke in die Sauce geben und etwa 10 Minuten darin ziehen lassen.

Dazu schmecken Salzkartoffeln und Rohkostsalat aus Rotkohl, Möhren und Rettich.
Zwiebelfleisch mit Petersilie oder grob gemahlenem Pfeffer bestreuen und 1 EL saure Sahne oder Crème fraîche daraufgeben.

Süßspeisen

Ein nach Vanille duftender Pudding, eine erfrischende Kaltschale im Sommer oder samtiges Apfelmus zum Pfannkuchen – da werden nicht nur Kinderaugen groß. Alle, die früher bei ihrer Oma oft die süßen Reste vom Kochlöffel schlecken und sich durch deren Desserts probieren durften, werden mit den Rezepten in diesem Kapitel Löffel für Löffel in ihre Kindheit zurückversetzt. Und für alle anderen Süßschnäbel heißt es: Ausprobieren, Augen schließen und genießen!

Apfelmus (IM FOTO UNTEN)

VEGAN

ZUBEREITUNGSZEIT:
15 Minuten
GARZEIT:
etwa 10 Minuten

ZUTATEN FÜR 4 PORTIONEN
750 g säuerliche Äpfel, z. B. Boskop oder Elstar
5 EL Wasser
etwa 50 g Zucker

PRO PORTION
E: 0 g, F: 1 g, Kh: 30 g, kcal: 129

1. Äpfel schälen, vierteln, entkernen und in kleine Stücke schneiden. Die Apfelstücke mit Wasser in einem Topf zum Kochen bringen und zugedeckt bei schwacher Hitze etwa 10 Minuten kochen.

2. Die Apfelmasse nach Belieben pürieren und das Apfelmus mit Zucker abschmecken.

Omas Küchentipps

1 Stange Zimt mitkochen. Sie können auch ungeschälte Äpfel verwenden. Die Äpfel hierfür abspülen, ohne Stiele und Blütenansätze grob würfeln und wie beschrieben kochen, dann durch ein Sieb streichen.

Apfel- oder Birnenkompott (IM FOTO OBEN)

VEGAN

ZUBEREITUNGSZEIT:
10 Minuten, ohne Abkühlzeit
GARZEIT:
5–8 Minuten

ZUTATEN FÜR 4 PORTIONEN
500 g Äpfel oder Birnen
½ Vanilleschote, 250 ml Wasser
etwa 20 g Zucker, 1 Stange Zimt
2 EL Zitronensaft

PRO PORTION
E: 0 g, F: 0 g, Kh: 17 g, kcal: 72

1. Äpfel oder Birnen entstielen, schälen, halbieren, entkernen und in Achtel schneiden. Vanilleschote mit einem Messer der Länge nach aufschneiden und das Mark mit dem Messerrücken herausschaben. Wasser mit Zucker, Vanilleschote, Vanillemark und Zimtstange in einem Topf zum Kochen bringen.

2. Die Apfel- oder Birnenstücke hineingeben, wieder zum Kochen bringen und zugedeckt bei schwacher Hitze in 5–8 Minuten weich kochen. Zitronensaft unterrühren. Kompott erkalten lassen. Vanilleschote und Zimtstange entfernen.

Für eine bessere Haltbarkeit das Kompott in ausgekochten Einmachgläser abfüllen.

Arme Ritter

ZUBEREITUNGSZEIT:
20 Minuten

ZUTATEN FÜR 6 STÜCK

300 ml Milch (3,5 % Fett)
2 Eier (Größe M)
50 g Zucker
6 etwa 1 ½ cm dicke Scheiben Kastenweißbrot (2–5 Tage alt)
5 EL Sonnenblumenöl

PRO STÜCK:

E: 6 g, F: 11 g, Kh: 25 g, kcal: 228

1. Milch mit Eiern und Zucker verschlagen. Weißbrotscheiben in eine Schale legen, mit der Eiermilch übergießen, einweichen lassen (dabei 1–2-mal vorsichtig wenden), bis die Milch aufgesogen ist (die Scheiben dürfen nicht zu weich werden).

2. Etwas Öl in einer beschichteten Pfanne zerlassen. Die Brotscheiben darin portionsweise bei mittlerer Hitze von beiden Seiten etwa 8 Minuten knusprig braun braten. Die Armen Ritter heiß servieren.

REZEPTVARIANTE:

Für **Arme-Ritter-Crumble mit Roter Grütze** 300 ml Milch (3,5 % Fett), 2 Eier (Größe M), 1 Eiweiß (Größe M), 50 g Zucker und ½ TL gem. Zimt verschlagen. 8 Scheiben Weißbrot vom Vortag (je etwa 1 ½ cm dick, insgesamt etwa 300 g) in eine große, flache Form legen, mit der Eiermilch übergießen und so lange einweichen lassen, bis die Flüssigkeit von den Brotscheiben aufgesogen ist. Für die Streusel 130 g Weizenmehl mit 1 Msp. Backpulver und ½ TL gem. Zimt in einer Rührschüssel mischen. 60 g brauner Zucker und 60 g Butter (zimmerwarm) und 1 Eigelb (Größe M) Eigelb hinzufügen. Die Zutaten mit einem Mixer (Rührstäbe) zunächst kurz auf niedrigster Stufe verrühren, dann 70 g gehobelte Mandeln hinzufügen. Die Zutaten zu Streuseln verarbeiten. Die Streusel zugedeckt in den Kühlschrank stellen. Den Backofen vorheizen: Ober-/Unterhitze: etwa 200 °C, Heißluft: etwa 180 °C. 20 g Butterschmalz in einer großen Pfanne erhitzen. 4 eingeweichte Brotscheiben darin von einer Seite goldbraun braten. Die Scheiben mit der gebratenen Seite nach unten auf ein Backblech (mit Backpapier belegt) legen. 20 g Butterschmalz und die restlichen Brotscheiben auf die gleiche Weise verarbeiten. Den Crumble auf den Brotscheiben verteilen. Das Backblech in den vorgeheizten Backofen schieben. Die Armen Ritter etwa 20 Minuten backen. Die Armen Ritter vom Backblech nehmen und portionsweise mit 500 g rote Grütze (s. S. 195) oder aus dem Kühlregal) anrichten.

Arme Ritter z. B. mit Apfelmus, mit Zimt-Zucker oder mit etwas Puderzucker bestäubt servieren.

Bratäpfel

MIT ALKOHOL

ZUBEREITUNGSZEIT:
20 Minuten, ohne Einweichzeit
GARZEIT:
30–35 Minuten

ZUTATEN FÜR 8 PORTIONEN

1 EL Rosinen
etwa 100 ml Rum
8 Äpfel, z. B. Holsteiner Cox oder Boskop
20 g Butter (zimmerwarm)
20 g Zucker
1 Pck. Vanillin-Zucker
2 EL abgezogene, gem. Mandeln
2 EL gestiftelte Mandeln

PRO PORTION

E: 2 g, F: 7 g, Kh: 23 g, kcal: 194

1. Rosinen in 2 ELn von dem Rum über Nacht einweichen.

2. Den Backofen vorheizen.
Ober-/Unterhitze: etwa 200 °C
Heißluft: etwa 180 °C

3. Äpfel entstielen, waschen, abtrocknen. Von der Blütenseite her mit einem Apfelausstecher das Kerngehäuse ausstechen, aber nicht ganz durchstechen. Die Äpfel in eine Auflaufform (gefettet) geben.

4. Butter mit Zucker, Vanillin-Zucker, gemahlenen Mandeln und eingeweichten Rosinen mit einem Löffel verrühren und mit einem TL in die Äpfel füllen. Mandelstifte darauf verteilen und leicht andrücken. Restlichen Rum zu den Äpfeln in die Form gießen.

5. Die Form auf dem Rost im unteren Drittel in den vorgeheizten Backofen schieben und die Bratäpfel **30–35 Minuten garen.**

6. Die Äpfel nach dem Garen aus dem Backofen nehmen und heiß servieren.

Omas Küchentipps

Machen Sie eine Garprobe. Hierfür einfach mit einem Zahnstocher in die Äpfel hineinstechen und schauen, ob sie weich sind.
Bratäpfel mit Puderzucker bestreut, mit Vanillesauce oder halb steif geschlagener Schlagsahne servieren.
Stechen Sie das Kerngehäuse komplett aus und verschließen Sie das Loch mit etwas Marzipan-Rohmasse.
Für eine alkoholfreie Variante die Rosinen in 2 ELn Orangen- oder Apfelsaft einweichen, abtropfen lassen und wie im Rezept beschrieben verwenden. Anstelle des Rums Orangen- oder Apfelsaft in die Auflaufform gießen.

Dampfnudeln

ZUBEREITUNGSZEIT:
20 Minuten
TEIGGEH-/RUHEZEIT:
etwa 70 Minuten
GARZEIT:
20–25 Minuten

ZUTATEN FÜR 8 STÜCK

FÜR DEN HEFETEIG:
125 ml Milch (3,5 % Fett)
50 g Butter oder Margarine
300 g Weizenmehl (Type 405)
1 Pck. Trockenbackhefe
50 g Zucker
1 Pck. Vanillin-Zucker
1 gestr. TL Salz
1 Ei (Größe M)

FÜR DIE SAHNEMILCH:
30 g Butter
100 g Schlagsahne
100 ml Milch (3,5 % Fett)

FÜR DIE MOHNBUTTER:
50 g Butter
4 EL Mohnsamen

ZUM BESTÄUBEN:
1 EL Puderzucker

PRO STÜCK:
E: 8 g, F: 22 g, Kh: 42 g, kcal: 400

1. Für den Teig Milch in einem Topf erwärmen, Butter oder Margarine darin zerlassen. Mehl in eine Rührschüssel geben und sorgfältig mit der Trockenbackhefe vermischen. Zucker, Vanillin-Zucker, Salz, Ei und die Milch-Fett-Mischung hinzugeben.

2. Die Zutaten mit einem Mixer (Knethaken) zunächst kurz auf niedrigster, dann auf höchster Stufe in etwa 5 Minuten zu einem glatten Teig verarbeiten.

3. Den Teig zugedeckt so lange an einem warmen Ort gehen lassen, bis er sich sichtbar vergrößert hat, etwa 40 Minuten.

4. Den gegangenen Teig leicht mit Mehl bestäuben, aus der Schüssel nehmen und auf der leicht bemehlten Arbeitsfläche nochmals kurz durchkneten.

5. Den Teig zu einer Rolle formen, die Teigrolle in 8 gleich große Stücke schneiden, mit bemehlten Händen zu Kugeln formen und auf der bemehlten Arbeitsfläche zugedeckt nochmals etwa 30 Minuten gehen lassen.

6. Für die Sahnemilch Butter, Sahne und Milch in einem sehr breiten Topf erhitzen. Die gegangenen Teigkugeln in die Sahnemilch geben und zugedeckt bei mittlerer Hitze 20–25 Minuten garen.

7. Für die Mohnbutter die Butter zerlassen und die Mohnsamen unterrühren. Die Dampfnudeln mit der Sahne-Milch-Flüssigkeit, der Mohnbutter und dem Puderzucker bestäubt servieren.

Omas Küchentipps

Sie mögen keinen Mohn? Dann servieren Sie die Dampfnudeln ohne Mohnbutter. Oder Sie geben statt dieser etwas zerlassene, gebräunte Butter auf die Dampfnudeln.
Lecker sind die Dampfnudeln auch, wenn Sie sie einfach mit etwas Zimt-Zucker bestreuen.

Eierpudding mit Karamell

ZUBEREITUNGSZEIT:
etwa 15 Minuten,
ohne Abkühlzeit
GARZEIT:
etwa 40 Minuten

ZUTATEN FÜR 4 PORTIONEN

FÜR DEN KARAMELL:
100 g Zucker
3 EL Wasser

FÜR DEN EIERPUDDING:
500 ml Milch (3,5 % Fett)
1 Prise Salz
2 TL Vanillearoma oder Mark von ½ Vanilleschote
6 Eier (Größe M)
120 g Zucker

ZUSÄTZLICH:
4 Flan-/Souffléförmchen
1 Auflaufform

PRO PORTION:
E: 14 g, F: 12 g, Kh: 62 g, kcal: 417

1. Für den Karamell Zucker mit Wasser in einem Topf verrühren und bei mittlerer Hitze langsam karamellisieren lassen. Fängt der flüssige Zucker an leicht braun bis goldgelb zu werden, etwas Wasser hinzugeben. Diesen Vorgang wiederholen (etwa 2–3 Mal), bis man eine leicht dickflüssige Sauce erhält.

2. Die Karamellsauce in die Flan-/Souffléförmchen geben. Die Formen in alle Richtungen drehen, sodass Boden und Rand der Form mit Karamell überzogen sind.

3. Den Backofen vorheizen.
Ober-Unterhitze: etwa 150 °C
Heißluft: nicht empfehlenswert

4. Für den Eierpudding Milch mit Salz, Vanillearoma oder dem ausgekratzten Mark der Vanilleschote aufkochen. Kurz beiseitestellen.

5. Eier mit dem Zucker mit einem Mixer (Rührstäbe) schaumig aufschlagen. Die noch heiße Vanillemilch mit einem Schneebesen nach und nach unter die Eiermasse rühren.

6. Eiermilch in den Förmchen verteilen und in die Auflaufform setzen. Die Auflaufform auf einem Rost in den vorgeheizten Backofen (unteres Drittel) schieben. Die Auflaufform mit heißem Wasser bis etwa zur Hälfte der Förmchenhöhe auffüllen. Den Pudding etwa 40 Minuten garen.

7. Den garen Eierpudding gut abkühlen lassen. Am besten über Nacht im Kühlschrank auskühlen lassen. So kann der Karamellgeschmack den Pudding noch besser aromatisieren.

8. Zum Servieren den Pudding mit einem kleinen Messerchen am Rand leicht lösen und auf einen Teller stürzen. Die restliche Karamellsauce aus der Form über den Pudding laufen lassen.

Omas Küchentipps

Der Eierpudding hält sich ungestürzt im Kühlschrank etwa 3 Tage.
Um sicher zu gehen, dass der Eierpudding wirklich gar ist, eine Stäbchenprobe machen. Hierfür ein schmales Holzstäbchen am höchsten Punkt des Puddings ungefähr bis zur Mitte einstechen. Wenn beim Herausziehen noch Puddingmasse am Stäbchen bleibt, ist der Pudding noch nicht gar und benötigt etwas mehr Zeit im Backofen.

Grießpudding

ZUBEREITUNGSZEIT:
etwa 20 Minuten, ohne Kühlzeit

ZUTATEN FÜR 4 PORTIONEN

½ Vanilleschote
500 ml Milch (3,5 % Fett)
50 g Zucker
abgeriebene Schale von ½ Bio-Zitrone (unbehandelt, ungewachst)
50 g Weichweizengrieß
1 Ei (Größe M)

PRO PORTION:

E: 7 g, F: 6 g, Kh: 27 g, kcal: 192

1. Vanilleschote mit einem Messer längs aufschneiden, das Mark mit dem Messerrücken herausschaben. Milch mit Zucker, Zitronenschale, Vanilleschote und Vanillemark in einem Topf zum Kochen bringen. Grieß unter Rühren einstreuen, wieder zum Kochen bringen, etwa 1 Minute unter Rühren kochen lassen.

2. Den Topf von der Kochstelle nehmen, die Vanilleschote entfernen. Ei trennen, anschließend das Eigelb zügig unter den Grießpudding rühren. Eiweiß steif schlagen und unter den heißen Pudding heben.

3. Den Grießpudding in eine mit kaltem Wasser ausgespülte Puddingform, Schale oder in Portionsförmchen füllen. Den Grießpudding abkühlen lassen und etwa 3 Stunden in den Kühlschrank stellen.

4. Vor dem Servieren den Pudding mit einem Messer vorsichtig vom Rand lösen und auf einen Teller stürzen.

REZEPTVARIANTEN

Für **Maisgrießpudding** Milch, Zucker, Zitronenschale, Vanilleschote, Vanillemark und zusätzlich 20 g Butter zum Kochen bringen. Anstelle von Weizengrieß 50 g Maisgrieß (Polentagrieß) verwenden und den Pudding wie im Rezept beschrieben zubereiten.
Für **Grieß-Quark-Pudding** nach dem Eischnee zusätzlich 125 g Speisequark (20 % Fett) unter den lauwarmen Pudding rühren (evtl. etwas nachsüßen).
Für **Grießpudding mit Zimt** anstelle der Vanilleschote 1 Stange Zimt verwenden.

Omas Küchentipps

Den Grießpudding mit frischem Obst und Schlagsahne oder Aprikosenhälften servieren.
Da die Grießmasse beim Kochen spritzen kann, eignet sich ein Löffel oder Schneebesen mit langem Stiel besonders gut zum Umrühren.

Hafer-Quark-Keulchen

ZUBEREITUNGSZEIT:
20 Minuten,
ohne Ruhe- und Abkühlzeit

ZUTATEN FÜR 4 PORTIONEN

2 Eigelb (Größe M)
50 g Zucker
200 g Magerquark
50 g kernige Haferflocken
2 geh. EL Weizenmehl (Type 550)
1 Bio-Zitrone (unbehandelt, ungewachst)
1 Prise Salz
2 Eiweiß (Größe M)

FÜR DAS ERDBEER-RHABARBER-KOMPOTT:

250 g Erdbeeren
500 g Rhabarber
250 ml Wasser
3–4 EL Zucker
1 Pck. Puddingpulver Vanille-Geschmack
4 EL Wasser
3 EL Speiseöl, z. B. Sonnenblumenöl
1 EL Puderzucker

PRO PORTION:

E: 14 g, F: 12 g, Kh: 55 g, kcal: 393

1. Eigelb, Zucker, Quark, Haferflocken und Mehl in eine Rührschüssel geben und mit einem Mixer (Rührstäbe) zu einer cremigen Masse verrühren. Die Zitrone heiß abwaschen, abtrocknen, die Schale abreiben und 1 TL abmessen. Die Zitrone halbieren. Von einer Zitronenhälfte den Saft auspressen.

2. Zitronenschale, -saft und 1 Prise Salz unter die Quarkmasse rühren. Eiweiß steif schlagen und unterheben. Den Quarkteig etwa 10 Minuten ruhen lassen.

3. Für das Kompott Erdbeeren putzen, abspülen, abtropfen lassen, entstielen und halbieren. Rhabarber abziehen, abspülen, abtropfen lassen, Stielenden und Blattansätze entfernen. Die Stangen in fingerdicke Stücke schneiden.

4. Erdbeerhälften und Rhabarberstücke in einem Topf vermischen. Wasser hinzugießen, zum Kochen bringen und etwa 4 Minuten bei schwacher Hitze kochen lassen. Zucker unterrühren und abschmecken. Puddingpulver mit 4 EL Wasser anrühren, unter das Kompott rühren und unter Rühren kurz aufkochen lassen. Kompott in eine Schüssel füllen und abkühlen lassen.

5. Jeweils etwas Speiseöl in einer großen Pfanne erhitzen. Von dem Quarkteig mit einem EL Teighäufchen abnehmen und in die Pfanne setzen. Die Keulchen portionsweise bei mittlerer Hitze leicht bräunen lassen, dann vorsichtig wenden und jede Portion in etwa 3 Minuten fertig backen.

6. Die Keulchen auf einer vorgewärmten Platte anrichten und mit Puderzucker bestäuben. Das Erdbeer-Rhabarber-Kompott dazureichen.

Omas Küchentipps

Zu den Quark-Keulchen passt auch prima ein Obstsalat: Verrühren Sie Zitronensaft mit Honig und schneiden Sie Obst, z. B. Apfel, Birne, Banane, Melone, Orange – was Sie gerade im Hause haben –, in die Marinade.

Herrencreme

MIT ALKOHOL

ZUBEREITUNGSZEIT:
45 Minuten, ohne Abkühlzeit

ZUTATEN FÜR 12 PORTIONEN

FÜR DEN PUDDING:
1 ½ l Milch (3,5 % Fett)
3 Pck. Puddingpulver Sahne-Geschmack
6 schwach geh. EL Zucker
125 ml brauner Rum
140 g Zartbitter-Raspelschokolade

FÜR DIE CREME:
750 g Schlagsahne (mind. 30 % Fett)
3 Pck. Sahnesteif
3 Pck. Vanillin-Zucker

ZUM BESTREUEN:
70 g Zartbitter-Raspelschokolade

PRO PORTION:
E: 7 g, F: 29 g, Kh: 36 g, kcal: 456

1. Für den Pudding aus Milch, Puddingpulver und Zucker einen Pudding nach Packungsanleitung zubereiten. Pudding in eine hitzebeständige Schüssel geben. Frischhaltefolie direkt auf die Puddingoberfläche legen und den Pudding erkalten lassen.

2. Unter den erkalteten, aber noch nicht fest gewordenen Pudding den Rum und die Raspelschokolade rühren.

3. Für die Creme die Sahne mit einem Mixer (Rührstäbe) fast steif schlagen. Sahnesteif mit Vanillin-Zucker mischen, einstreuen und die Sahne steif schlagen.

4. Etwa drei Viertel der Sahne unter den Pudding heben, die restliche Sahne in einen Spritzbeutel mit Loch- oder Sterntülle füllen.

5. Die Herrencreme mit der restlichen Sahne aus dem Spritzbeutel verzieren und die Raspelschokolade daraufgeben. Die Herrencreme bis zum Servieren zugedeckt 2 Stunden in den Kühlschrank stellen.

Omas Küchentipps

Dieses Dessert enthält traditionell Rum. Möchten Sie das Dessert auch für Kinder zubereiten, lassen Sie den Rum einfach weg. Bestäuben Sie die Herrencreme zusätzlich mit etwas Kakaopulver.

Himbeer-Kaltschale

ZUBEREITUNGSZEIT:
45 Minuten, ohne Kühlzeit

ZUTATEN FÜR 12 PORTIONEN

FÜR DIE QUARK-NOCKEN:
6 Blatt weiße Gelatine
500 g Magerquark
8–10 EL Zitronensaft
100 g Puderzucker
250 g Schlagsahne
(mind. 30 % Fett)

FÜR DIE HIMBEER-KALTSCHALE:
2 Bio-Zitronen
(unbehandelt, ungewachst)
1 ½ l Apfelsaft (ohne Zuckerzusatz; Direktsaft)
2 Pck. Bourbon-Vanille-Zucker
75 g Perlsago, fein
900 g Himbeeren (frisch oder TK)
400 ml Wasser
50 g Puderzucker

FÜR DIE MINZE-MELONEN:
400 g Honigmelone
3–4 Stängel frische Pfefferminze

PRO PORTION:
E: 8 g, F: 7 g, Kh: 43 g, kcal: 281

1. Für die Nocken Gelatine nach Packungsanleitung einweichen. Quark, Zitronensaft und Puderzucker und glatt rühren. Gelatine leicht ausdrücken und in einem kleinen Topf bei schwacher Hitze unter Rühren auflösen. Die aufgelöste Gelatine zuerst mit etwa 4 ELn von der Masse verrühren, dann unter die restliche Masse rühren. Quarkcreme in den Kühlschrank stellen.

2. Inzwischen die Sahne steif schlagen. Sobald die Quarkcreme zu gelieren beginnt, die Sahne in 2 Portionen unterziehen. Dann in eine flache Schüssel füllen und zugedeckt im Kühlschrank mindestens 4 Stunden gelieren lassen.

3. Für die Kaltschale Zitronen heiß abwaschen, abtrocknen und die Schale spiralförmig fein abschneiden. Zitronen halbieren, den Saft auspressen. Zitronen-, Apfelsaft, Vanille-Zucker und 1 Zitronenspirale in einem großen Topf zum Kochen bringen. Unter Rühren Sago nach und nach einstreuen. Unter gelegentlichem Rühren 20–25 Minuten leicht kochen lassen, bis die Sagokörner glasig sind.

4. Inzwischen frische Himbeeren verlesen, evtl. kurz abspülen, abtropfen lassen. Wasser, Himbeeren (TK-Himbeeren gefroren), Puderzucker und restliche Zitronenspirale in einem Topf kurz aufkochen lassen, bei schwacher Hitze etwa 3 Minuten ziehen lassen.

5. Ein feines Sieb über den Topf mit der Saft-Sago-Mischung hängen. Himbeeren hineingeben und durchpassieren. Gut durchrühren, nochmals mit Zitronensaft und Puderzucker abschmecken. Zitronenspirale entfernen. Die Kaltschale in einer großen Schüssel zugedeckt in den Kühlschrank stellen.

6. Für die Melonen die Melone halbieren, evtl. vierteln. Kerne mit einem Löffel entfernen. Melonenstücke in feine Scheiben schneiden. Minze abspülen und trocken tupfen. Die Blättchen von den Stängeln zupfen und in feine Streifen schneiden. Melonenscheiben und Minzestreifen mischen.

7. Kaltschale nochmals durchrühren, abschmecken und in Schälchen verteilen. Von der Quark-Sahne-Creme mit einem EL Nocken abstechen und vorsichtig in die Kaltschale geben. Die Melonenscheiben dekorativ darauf anrichten.

Kaiserschmarren

ZUBEREITUNGSZEIT:
30 Minuten

ZUTATEN FÜR 4 PORTIONEN
8 Eiweiß (Größe M)
8 Eigelb (Größe M)
200 g Weizenmehl (Type 405)
2 Prisen Salz
2 Pck. Vanille-Zucker
400 g Schlagsahne
(mind. 30 % Fett) oder
400 ml Milch (3,5 % Fett)
100 g Rosinen
etwa 100 g Butterschmalz oder
8 EL Sonnenblumenöl

ZUM BESTÄUBEN:
etwas Puderzucker

PRO PORTION:
E: 23 g, F: 53 g, Kh: 72 g, kcal: 861

1. Eiweiß mit einem Mixer (Rührstäbe) steif schlagen. Eigelb, Mehl, Salz, Vanille- Zucker, Sahne oder Milch in eine Rührschüssel geben. Die Zutaten mit einem Mixer (Rührstäbe) zu einem glatten Teig verrühren. Eischnee und Rosinen unterheben.

2. Etwas Butterschmalz oder Sonnenblumenöl in einer Pfanne (Ø 28 cm) erhitzen. Ein Viertel des Teiges hineingeben und bei mittlerer Hitze auf der Unterseite hellgelb backen. Den an der Oberfläche noch etwas „flüssigen" Teig mit zwei Pfannenwendern erst vierteln, dann wenden und goldgelb backen, eventuell noch etwas Fett in die Pfanne geben.

3. Den Kaiserschmarren mit zwei Pfannenwendern in Stücke reißen, auf einem Teller anrichten und warm stellen. Den restlichen Teig auf die gleiche Weise zubereiten.

4. Den Kaiserschmarren mit Puderzucker bestäubt servieren.

REZEPTVARIANTEN:
Für **Kaiserschmarren mit Nuss-Nougat** statt der Rosinen 100 g Nuss-Nougat würfeln und zusammen mit 50 g gehackten Mandeln unter den Teig heben. Den Kaiserschmarren wie im Rezept beschrieben zubereiten.
Für K**aiserschmarren mit Apfel und Sauerkirschen** nur 150 g Sahne oder Milch verwenden und statt der Rosinen 1 geriebenen Apfel und 75 g getrocknete Sauerkirschen unter den Teig heben. Den Kaiserschmarren wie im Rezept beschrieben zubereiten.

Omas Küchentipps

Apfel-, Pflaumen- oder Aprikosenkompott dazu reichen. Auch Vanillesauce (selbst zubereitet oder aus dem Kühlregal) ist sehr lecker dazu.
Sie können die Rosinen vor der Verwendung in 1–2 ELn erwärmten Apfelsaft geben und etwa 30 Minuten durchziehen lassen. Die Rosinen (mit dem Saft) wie im Rezept angegeben unter den Teig geben.
Die Rosinen können auch ersatzlos weggelassen werden.

Kirschmichel

ZUBEREITUNGSZEIT:
15 Minuten
BACKZEIT:
etwa 40 Minuten

ZUTATEN FÜR 4 PORTIONEN

2 Brötchen (Milchbrötchen oder Croissants) vom Vortag
125 ml Milch (3,5 % Fett)
370 g abgetropfte Sauerkirschen (aus dem Glas)
125 g Zucker
3 Eigelb (Größe M)
2 EL Butter
1 Pck. Vanillin-Zucker
abger. Schale von ½ Bio-Zitrone (unbehandelt, ungewachst)
3 Eiweiß (Größe M)
1 Prise Salz
50 g gehobelte Mandeln
etwas Puderzucker oder Zucker

PRO PORTION:
E: 13 g, F: 24 g, Kh: 74 g, kcal: 569

1. Die Brötchen in dünne Scheiben schneiden, in eine Schüssel legen und mit der Milch übergießen. Die Kirschen mit der Hälfte des Zuckers mischen.

2. Den Backofen vorheizen. Ober-/Unterhitze: etwa 200 °C Heißluft: etwa 180 °C

3. Eigelb mit 1 EL Butter, restlichem Zucker und Vanillin-Zucker schaumig schlagen. Die eingeweichten Brötchenscheiben mit der Milch und der Zitronenschale unterrühren, bis die eingeweichten Brötchenscheiben zerfallen sind.

4. Eiweiß mit Salz steif schlagen und vorsichtig mit den Kirschen unter die Brötchen-Eigelb-Masse heben. Die Masse in eine Auflaufform (gefettet) geben. Die restliche Butter in kleinen Flöckchen darauf verteilen und mit Mandeln bestreuen.

5. Die Form auf dem Rost in den vorgeheizten Backofen schieben. Den Kirschmichel **etwa 40 Minuten backen.**

6. Den Kirschmichel noch warm mit Puderzucker bestäuben oder mit Zucker bestreuen und sofort servieren.

Omas Küchentipps

Der Kirschmichel schmeckt am besten, wenn er noch warm ist.
Servieren Sie dazu leicht angeschlagene Schlagsahne oder Vanillesauce.
Er lässt sich gut einfrieren und wieder aufwärmen.
Sie können das Gericht auch mit frischen, entsteinten, gut abgetropften Sauerkirschen zubereiten.

Marillenknödel

ZUBEREITUNGSZEIT:
25 Minuten, ohne Kühlzeit
GARZEIT:
etwa 15 Minuten

ZUTATEN FÜR 4 PORTIONEN

FÜR DEN TEIG:

60 g Butter (zimmerwarm)
250 g Magerquark
125 g Weizenmehl (Type 405)

FÜR DIE FÜLLUNG:

8 kleine Aprikosen
8 Stück Würfelzucker

ZUM BESTREUEN UND BESTÄUBEN:

50 g Butter
50 g Semmelbrösel
25 g Zucker
½ Pck. Vanillin-Zucker
1 EL Puderzucker

PRO PORTION:

E: 14 g, F: 24 g, Kh: 57 g, kcal: 505

1. Für den Teig die Butter in einer Rührschüssel mit einem Mixer (Rührstäbe) geschmeidig rühren. Nach und nach Quark und Mehl unterrühren und den Teig zugedeckt etwa 1 Stunde in den Kühlschrank stellen.

2. Für die Füllung die Aprikosen abspülen, abtrocknen und die Steine vorsichtig herauslösen. In jede Aprikose 1 Stück Würfelzucker geben.

3. Aus dem Teig eine Rolle von etwa 16 cm Länge formen und in 8 Stücke schneiden. Jedes Teigstück mit bemehlten Händen etwas flach drücken, jeweils 1 Aprikose darauflegen und das Teigstück darüber zusammendrücken.

4. Die gefüllten Teigstücke zu Knödeln formen, in kochendes Salzwasser geben, zum Kochen bringen und in etwa 15 Minuten bei schwacher Hitze gar ziehen lassen (das Wasser muss sich leicht bewegen).

5. Die Knödel mit einer Schaumkelle herausnehmen und anschließend abtropfen lassen.

6. Zum Bestreuen die Butter zerlassen. Semmelbrösel, Zucker und Vanillin-Zucker darin unter Rühren leicht rösten.

7. Die Knödel darin wälzen oder damit bestreuen und sofort mit Puderzucker bestäubt servieren.

REZEPTVARIANTE

Für **Marillenkompott** 16 reife Aprikosen (Marillen) an der Unterseite einritzen, kurz in kochendes Wasser legen, in kaltem Wasser abschrecken. Die Aprikosenhaut abziehen. Die Aprikosen vierteln, Steine entfernen. Aprikosen in breite Spalten schneiden. 50 g Zucker in einem Topf karamellisieren, 300 ml Orangensaft und 2 cl Marillenschnaps oder -likör hinzugießen. 1 Vanilleschote längs aufschneiden und das Mark herauskratzen. Vanilleschote und -mark zum Saft geben. Orangensaft zum Kochen bringen und um etwa ein Drittel einkochen lassen. 1 TL Speisestärke mit 1 EL Wasser anrühren. Orangensud von der Kochstelle nehmen, die Vanilleschote entfernen. Angerührte Stärke in den Sud rühren und unter Rühren gut aufkochen lassen. Die Aprikosenspalten hinzugeben, nochmals kurz aufkochen, etwas durchziehen lassen und abkühlen lassen.

Milchreis

ZUBEREITUNGSZEIT:
15 Minuten
GARZEIT:
etwa 35 Minuten

ZUTATEN FÜR 4 PORTIONEN

FÜR DEN MILCHREIS:
1 l Milch (3,5 % Fett)
1 Prise Salz
20 g Zucker
1 Pck. Vanille-Zucker
175 g Milchreis (Rundkornreis)

ZUM BESTREUEN:
20–30 g Zucker
½ TL gem. Zimt

PRO PORTION:
E: 13 g, F: 9 g, Kh: 60 g, kcal: 375

1. Für den Milchreis die Milch mit Salz, Zucker und Vanille-Zucker in einem Topf unter gelegentlichem Rühren zum Kochen bringen.

2. Milchreis unterrühren, unter Rühren zum Kochen bringen und mit halb aufgelegtem Deckel bei schwacher Hitze etwa 35 Minuten ausquellen lassen. Dabei gelegentlich umrühren, damit der Reis nicht anbrennt.

3. Den fertigen Milchreis noch warm mit Zucker und Zimt bestreuen und servieren. Oder den Milchreis erkalten lassen und dann mit Zimt und Zucker bestreut servieren.

REZEPTVARIANTE:
Für einen **Hirsebrei** (4 Portionen) 150 g Hirse mit 750 ml Milch (1,5 % Fett) und 30 g gewürfeltem Orangeat in einem Topf unter gelegentlichem Rühren zum Kochen bringen. Hirse bei schwacher Hitze 20–25 Minuten ausquellen lassen. Dabei gelegentlich umrühren, damit die Hirse nicht anbrennt. 1 Bio-Zitrone (unbehandelt, ungewachst) heiß abwaschen, abtrocknen und etwa 1 TL Zitronenschale fein abreiben. Die Zitrone halbieren und von einer Hälfte den Saft auspressen. Zitronenschale, 2 TL Zitronensaft, 1 EL Zucker, 1 Päckchen Vanillin-Zucker, 1 Prise Salz und 150 g Crème fraîche unter den warmen Hirsebrei rühren. Den warmen Hirsebrei evtl. nachsüßen.

Apfelmus (s. S. 184), Aprikosenkompott (s. S. 186) oder Sauerkirschen (aus dem Glas) dazu servieren.
Während der Saison schmecken auch frische Erdbeeren oder ein Erdbeer-Rhabarber-Kompott dazu.
Besonderes fein im Geschmack wird der Milchreis, wenn Sie ein Stück aufgeschnittene Vanillestange mitkochen. Nach Belieben das Mark vorher mit einem Messerrücken herauskratzen und in die Milch geben. Vor dem Servieren die Vanillestange entfernen.

Milchsuppe mit Schneeklößchen

ZUBEREITUNGSZEIT:
25 Minuten

ZUTATEN FÜR 4 PORTIONEN

FÜR DIE SUPPE:

1 Pck Pudding-Pulver Vanille-, Mandel- oder Sahne-Geschmack
60 g Zucker
1 Prise Salz
1 l Milch (3,5 % Fett)
1 Eigelb (Größe M)
½ Bio-Zitrone

FÜR DIE SCHNEEKLÖSSCHEN:

1 Eiweiß (Größe M)
1 schwach geh. TL Zucker

PRO PORTION:

E: 9 g, F: 9 g, Kh: 34 g, kcal: 281

1. Für die Suppe Pudding-Pulver mit Zucker und Salz mischen. Mit mindestens 6 ELn von der Milch anrühren. Eigelb unterrühren. Die Zitronenhälfte heiß abwaschen, abtrocknen und die Schale dünn abschälen. Restliche Milch mit der Zitronenschale in einem großen Topf zum Kochen bringen.

2. Angerührtes Pudding-Pulver in die von der Kochstelle genommene Milch rühren und unter Rühren kurz aufkochen lassen. Anschließend die Zitronenschale entfernen.

3. Für die Schneeklößchen Eiweiß mit Zucker sehr steif schlagen. Mit zwei TLn kleine Klößchen abstechen und auf die Suppe setzen. Die Klößchen zugedeckt etwa 5 Minuten in der Suppe gar ziehen lassen (Flüssigkeit muss sich leicht bewegen).

REZEPTVARIANTEN:

Für eine **Schokoladensuppe** die Suppe mit 1 Päckchen Pudding-Pulver Schokoladen-Geschmack und 75 g Zucker, aber ohne Zitronenschale zubereiten. Dafür nach Belieben 1 Stück Zimtstange mitkochen und vor dem Verzehr entfernen.
Für eine **Grießsuppe** 1 Liter Milch mit Zitronenschale aufkochen. 60 g Weichweizengrieß und 60 g Zucker mischen, unter Rühren hinzugeben und ohne Deckel etwa 5 Minuten quellen lassen. Nach Belieben Zitronenschale entfernen. Die Suppe warm oder kalt servieren.
Für einen **Porridge** 1 Liter Milch mit Zitronenschale aufkochen. 40 g Haferflocken und 1 Prise Salz unterrühren. Einmal kurz aufkochen und dann ohne Deckel etwa 10 Minuten bei schwacher Hitze quellen lassen, dabei gelegentlich umrühren. Zum Schluss die Zitronenschale entfernen und 50 g Zucker sowie 1 Päckchen Vanillin-Zucker unterrühren.

Die Suppe nach Belieben mit Zimt-Zucker bestreuen oder 50 g Rosinen mitkochen. Die Milchsuppe mit fein geschnittener Zitronenschale und Minzblättchen garnieren.

Obstsalat

VEGAN

ZUBEREITUNGSZEIT:
30 Minuten

ZUTATEN FÜR 6 PORTIONEN
je 1 Apfel, kleine Mango, Nektarine, Pfirsich, Orange, Kiwi, Banane
100 g Erdbeeren
3 EL Zitronensaft
1 Pck. Vanillin-Zucker

PRO PORTION:
E: 1 g, F: 1 g, Kh: 20 g, kcal: 97

1. Apfel schälen, vierteln, entkernen. Die Mango schälen, das Fruchtfleisch vom Stein schneiden. Nektarine und Pfirsich abspülen, abtrocknen, halbieren, entsteinen. Das vorbereitete Obst in Stücke schneiden. Orange so schälen, dass die weiße Haut mitentfernt wird, dann mit einem scharfen Messer die Filets herausschneiden.

2. Kiwi und Banane schälen, beides in Scheiben schneiden. Erdbeeren abspülen, abtropfen lassen, entstielen und in Stücke schneiden.

3. Das Obst mit Zitronensaft und Vanillin-Zucker vermengen. Obstsalat in eine Schüssel geben und servieren oder mit Frischhaltefolie zugedeckt in den Kühlschrank stellen.

REZEPTVARIANTE:
Für **Obstsalat mit Mandeln** 3 mittelgroße Äpfel schälen, vierteln und entkernen. 1 Mango schälen, halbieren, das Fruchtfleisch vom Stein lösen. 4 Nektarinen abspülen, abtrocknen, halbieren und entsteinen. 4 Kiwis schälen. Das Obst in Spalten schneiden. 2 Orangen so schälen, dass die weiße Haut vollständig mit entfernt wird. Orangenfilets herausschneiden. 250 g Erdbeeren putzen, abspülen, gut abtropfen lassen, entstielen und in Stücke schneiden. Obstspalten, -stücke und Orangenfilets vorsichtig miteinander vermischen. 3–4 EL Zitronensaft mit 4 EL Orangensaft verrühren und unter das Obst mischen. 50 g gehobelte Mandeln in einer Pfanne ohne Fett unter Wenden goldbraun rösten und den Obstsalat damit bestreuen.

Den Obstsalat mit abgespülten, trocken getupften Pfefferminzblättchen garniert servieren.
Der Obstsalat lässt sich beliebig je nach Saison abwandeln. Sie benötigen insgesamt etwa 1 kg Obst.

Quarkspeise mit Obst

ZUBEREITUNGSZEIT:
15 Minuten, ohne Kühlzeit

ZUTATEN FÜR 4 PORTIONEN

470 g abgetropfte Pfirsichhälften (aus der Dose)
abgeriebene Schale von ½ Bio-Limette oder Bio-Zitrone (unbehandelt, ungewachst)
2 EL Limetten- oder Zitronensaft
je 250 g Mager- und Speisequark (20 % Fett i. Tr.)
150 g Joghurt (3,5 % Fett)
50 g Zucker

PRO PORTION
E: 18 g, F: 5 g, Kh: 36 g, kcal: 266

1. Pfirsichhälften in kleine Stücke schneiden, mit Limetten oder Zitronenschale und -saft vermengen.

2. Beide Quarksorten mit Joghurt und Zucker mit einem Schneebesen verrühren. Die Hälfte der Quarkmasse in 4 Portionsschälchen aus Glas oder eine große Glasschüssel füllen. Die Pfirsichmischung darauf verteilen und mit der restlichen Quarkmasse bedecken. Die Quarkspeise zugedeckt mindestens 30 Minuten in den Kühlschrank stellen.

REZEPTVARIANTE:
Für **Schokoladenquark mit Bananen** 100 g Zartbitter-Schokolade in Stücke brechen, in einer Edelstahlschüssel im Wasserbad bei schwacher Hitze unter Rühren schmelzen. 500 g Magerquark mit 4–6 ELn Milch oder Schlagsahne geschmeidig rühren.1 Päckchen Vanillin-Zucker und die Schokolade unterrühren. Die Creme mit etwa 1 ½ ELn Zucker abschmecken. 4 kleine reife Bananen schälen, auf je 1 Dessertteller legen. Den Schokoladenquark auf und neben die Bananen geben.

Rote Grütze

VEGAN

ZUBEREITUNGSZEIT:
20 Minuten, ohne Kühlzeit

ZUTATEN FÜR 6 PORTIONEN

je 250 g Brombeeren, Johannisbeeren, Himbeeren, Erdbeeren (alle Früchte vorbereitet gewogen)
35 g Speisestärke
100 g Zucker
500 ml Fruchtsaft, z. B. Sauerkirsch- oder Johannisbeersaft

PRO PORTION:
E: 3 g, F: 1 g, Kh: 39 g, kcal: 193

1. Brombeeren verlesen, evtl. vorsichtig abspülen und gut abtropfen lassen. Johannisbeeren abspülen, gut abtropfen lassen und die Beeren von den Rispen streifen. Himbeeren verlesen, nach Möglichkeit nicht abspülen. Erdbeeren abspülen, abtropfen lassen, entstielen und je nach Größe der Früchte halbieren oder vierteln.

2. Speisestärke mit Zucker mischen, dann mit 4 ELn von dem Saft anrühren. Den restlichen Saft in einem Topf zum Kochen bringen. Angerührte Speisestärke in den von der Kochstelle genommenen Saft rühren und unter Rühren aufkochen lassen. Den Topf von der Kochstelle nehmen und die vorbereiteten Beeren unterrühren.

3. Die Rote Grütze in eine Glasschale oder in Dessertschälchen füllen und zugedeckt in den Kühlschrank stellen.

Register

A

B

C/D

E

F

G

S

T

V

W/Z

IMPRESSUM

HINTER JEDEM TOLLEN BUCH STECKT EIN STARKES TEAM

Projektleitung: *Karin Boonk*
Redaktion: *Annette Riesenberg*
Lektorat: *Angelika Ilies, Langen*
Rezepte: *Dr. Oetker Verlag*
Rezeptüberprüfung: *Olaf Brummel, Steinhagen*
Nährwertberechnungen: *Nutri Service, Hennef; Angelika Ilies, Langen*
Titelgestaltung, Layout und Satz: *Büro 18, Friedberg/Bayern*
Herstellung: *Frank Jansen*
Producing: *Jan Russok*
Druck & Bindung: *optimal media GmbH, Röbel*

UNSER VERLAGSHAUS

Mit Standorten in Hamburg und München zählt die Edel Verlagsgruppe zu den größten unabhängigen Buchanbietern Deutschlands. Zur Gruppe gehören die Verlage Dr. Oetker Verlag, Edel Sports, KARIBU und ZS.

Die Bücher und E-Books unter der Marke Dr. Oetker Verlag erscheinen als Lizenz in der Edel Verlagsgruppe GmbH
www.oetker-verlag.de
www.facebook.com/Dr.OetkerVerlag 
www.instagram.com/Dr.OetkerVerlag

LIEBE LESERINNEN, LIEBE LESER,

seit 130 Jahren gibt es Dr. Oetker Bücher, viele davon sind seit Jahrzehnten im Programm. Mit jedem Buch, mit jeder Aktualisierung eines unserer Klassiker erfinden wir uns neu. Was bleibt, ist immer der Kern unserer Bücher: praktisch müssen sie sein und funktionieren muss alles. Gerne auch mal den einen oder anderen Kniff anbieten, den Sie vielleicht noch nicht kannten. Deshalb kommen Ihnen die Dr. Oetker Bücher so modern und frisch und doch so vertraut vor.

Viel Spaß und viel Erfolg wünschen wir Ihnen auch mit diesem Buch.
Ihre Dr. Oetker Verlagsredaktion

3. Auflage 2025

Neumühlen 17, 22763 Hamburg
ISBN: 978-3-7670-1893-8
Redaktionsanschrift:
Dr. Oetker Verlag,
Edel Verlagsgruppe GmbH,
Kaiserstraße 14b, 80801 München
www.oetker-verlag.de/kontakt
www.edelverlagsgruppe.de/kontakt

BILDNACHWEIS

Titelfoto: Rafael Pranschke, Mülheim an der Ruhr
Foodfotografie:
Antje Plewinski, Berlin: S. 25, 51, 65
Axel Struwe, Bielefeld: S. 137
Barbara Bonisolli, München: S. 47
Eising Studio Food Photo & Video, München: S. 3 l. o., 5, 6, 7, 11, 27, 49, 53, 57, 61, 81, 87, 89, 111, 117, 119, 145, 147, 189
Kramp + Gölling, Reeßum: S. 121
StockFood / Artfeeder: S. 3 l. m., 8, 9
StockFood / Pfannenschmidt, Wolfgang: S. 3 r. m., 98, 99
StockFood / Rose, Ludger: S. 3 l. u.,32, 33
StockFood / Schulte-Ladbeck, Stefan: S. 3 r. o., 68, 69
StockFood / Timmann, Claudia: S. 3 r. u., 162, 163
StockFood Studios / Jan Wischnewski: S. 15, 43, 67, 71, 79, 83, 93, 97, 107, 109, 113, 115, 129, 131, 135, 143, 149, 169, 194
Studio Diercks Media GmbH (Silje Paul, Kai Boxhammer), Hamburg: S. 13, 17, 19, 21, 23, 29, 31, 35, 37, 39, 41, 45, 55, 59, 62, 63, 73, 75, 77, 85, 91, 95, 96, 101, 103, 105, 123, 125, 127, 133, 139, 141, 151, 153, 155, 157, 159, 161, 165, 167, 171, 173, 175, 177, 179, 181, 183, 185, 187, 191, 193, 195